BICENTENAIRE

J.-L. NEMBRINI

Documents révolutionnaires

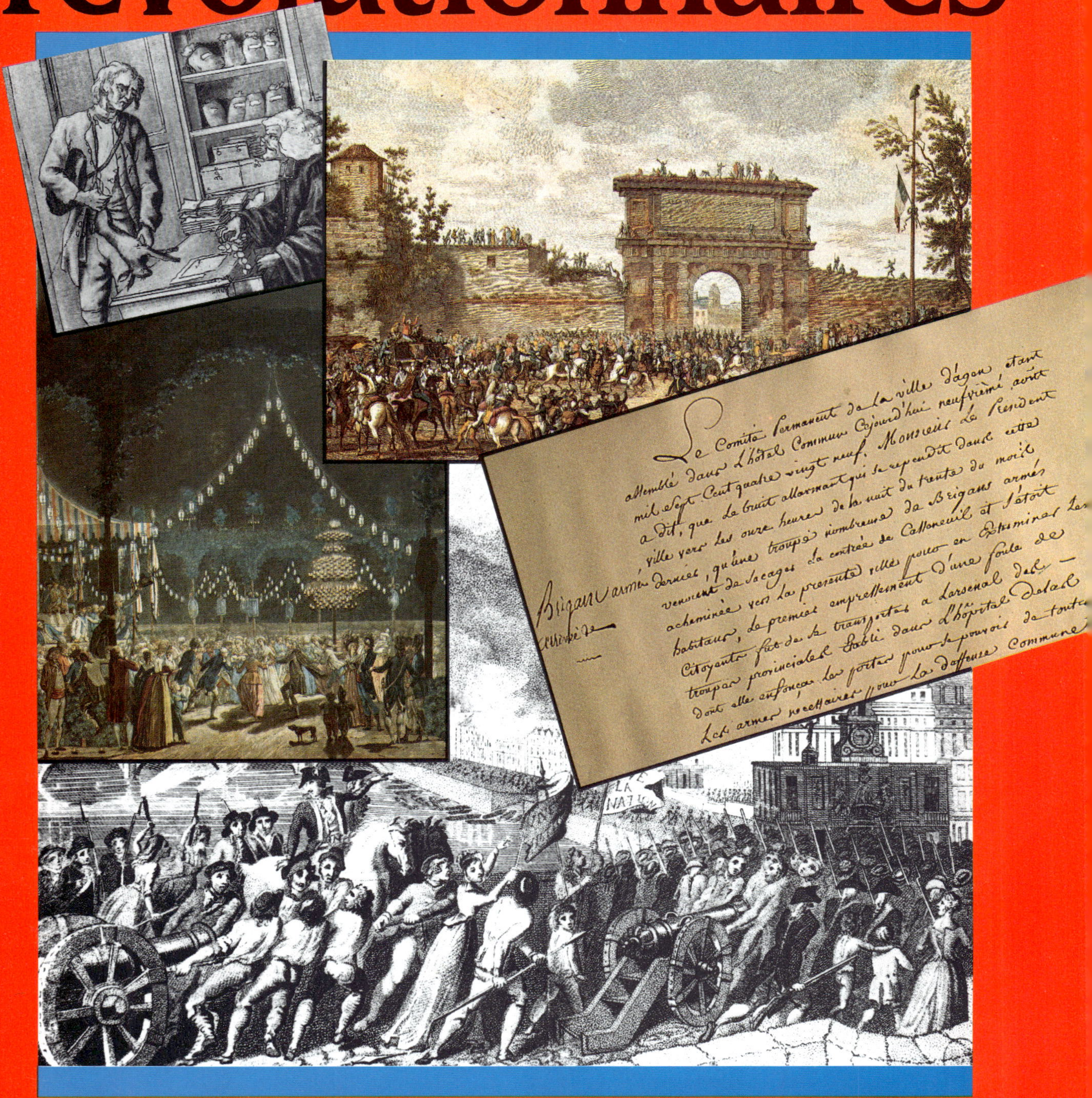

HACHETTE
Éducation

ISBN 2-01-013492-3

Des Suppots de la Chicanne
Delivrez nous Seigneur

Des Capitaineries et Gardes de Chaſses
Delivrez nous Seigneur.

Des Barrieres Delivrez nous Seigneur

De la Milice Delivrez nous Seigneur

Les abus pesant sur le peuple. Aquatintes anonymes. Bibl. Nat., Paris.

Ouverture des États généraux. Dessin de Monnet, gravé par Helman. Photo J.-L. Charmet, Bibl. Nat., Paris.

3

Serment du Jeu de Paume. David, Versailles, photo Bulloz.

Événement du 10 juillet 1789 : fermentation au Palais-Royal, les canonniers dansent avec les poissardes.
Aquatinte de Janinet, musée Carnavalet, photo Édimédia.

Le peuple de Paris parcourant les rues aux flambeaux dans la nuit du 12 au 13 juillet.
Aquatinte de Sergent, musée Carnavalet, photo Édimédia.

Délégation du Comité permanent devant la porte de l'Avancée. Gouache de Cholat, musée Carnavalet, photo J.-L. Charmet.

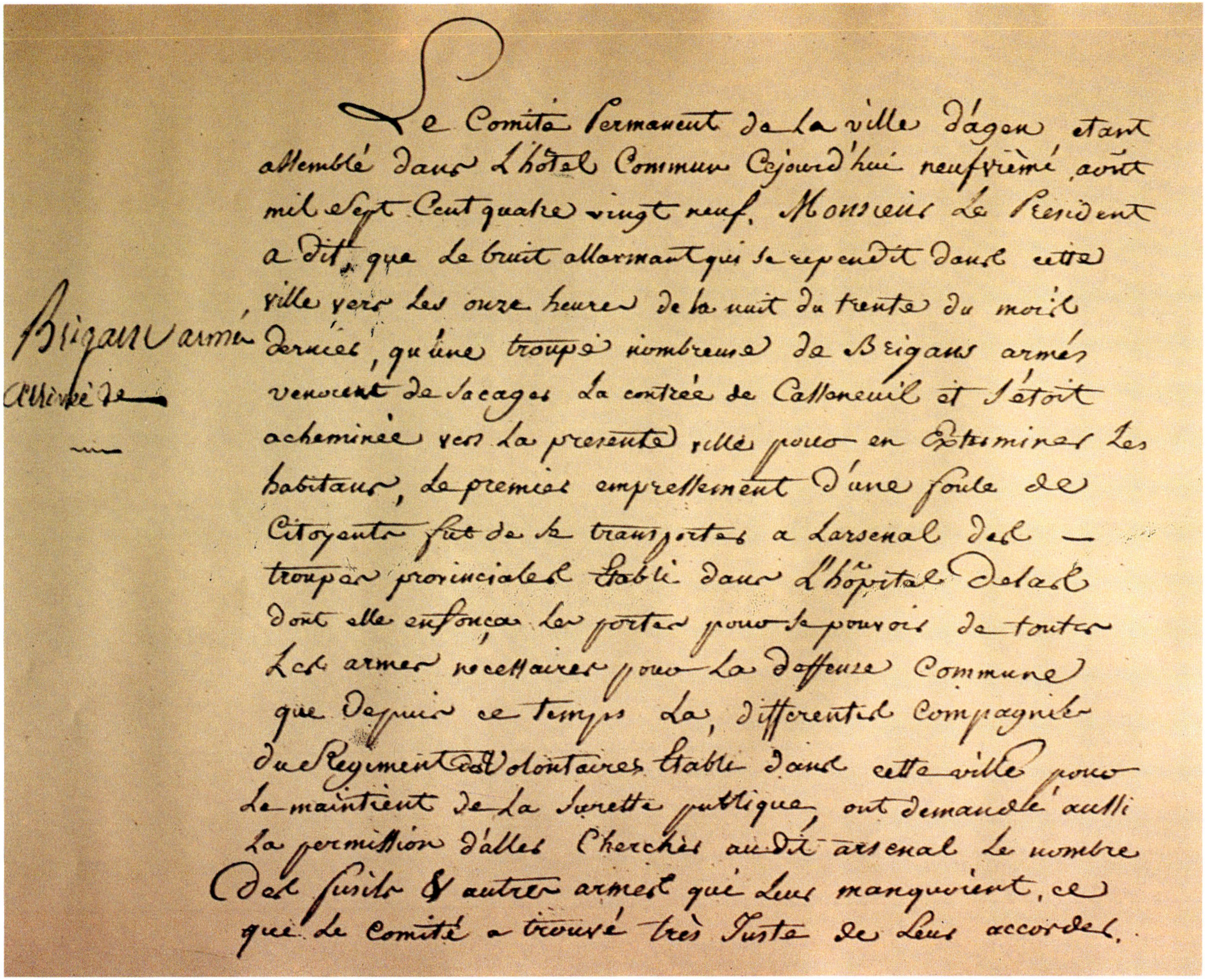

Brigans armés
arrivée de

Le Comité Permanent de la ville d'agen étant
assemblé dans l'hôtel Commun Cejourd'hui neufvième aoust
mil sept Cent quatre vingt neuf. Monsieur le President
a dit, que le bruit allarmant qui se repandit dans cette
ville vers les onze heure de la nuit du trente du mois
dernier, qu'une troupe nombreuse de Brigans armés
venoient de sacager la contrée de Cassoneuil et s'étoit
acheminée vers la presente ville pour en Exterminer les
habitans, le premier empressement d'une foule de
Citoyens fut de se transporter a l'arsenal des —
troupes provinciales établi dans l'hôpital delasl
dont elle enfonça les portes pour se pourvoir de toutes
les armes necessaires pour la deffense commune
que depuis ce temps là, differentes Compagnies
du Regiment des Volontaires établi dans cette ville pour
le maintient de la sureté publique, ont demandé aussi
la permission d'aller chercher audit arsenal le nombre
des fusils & autres armes qui leur manquoient, ce
que le Comité a trouvé très juste de leur accorder.

Compte rendu du Comité permanent de la ville d'Agen. A. D. du Lot-et-Garonne, photo J. Riche.

Assemblée nationale. Abandon de tous les privilèges. Nuit du 4 au 5 août 1789. Gravure de Helman d'après Monnet, Bibl. Nat., Paris, photo H. Josse.

Déclaration des droits de l'homme et du citoyen. Gravure de Niquet le Jeune, Bibl. Nat., Paris, photo Hachette.

Triomphe de l'armée parisienne réunie au peuple le 6 octobre 1789. Gravure anonyme, Bibl. Nat., Paris, photo Bulloz.

Les motionnaires au café du Caveau. Gravure parue dans la réimpression du *Moniteur,* Bibl. Nat., Paris, photo J.-L. Charmet.

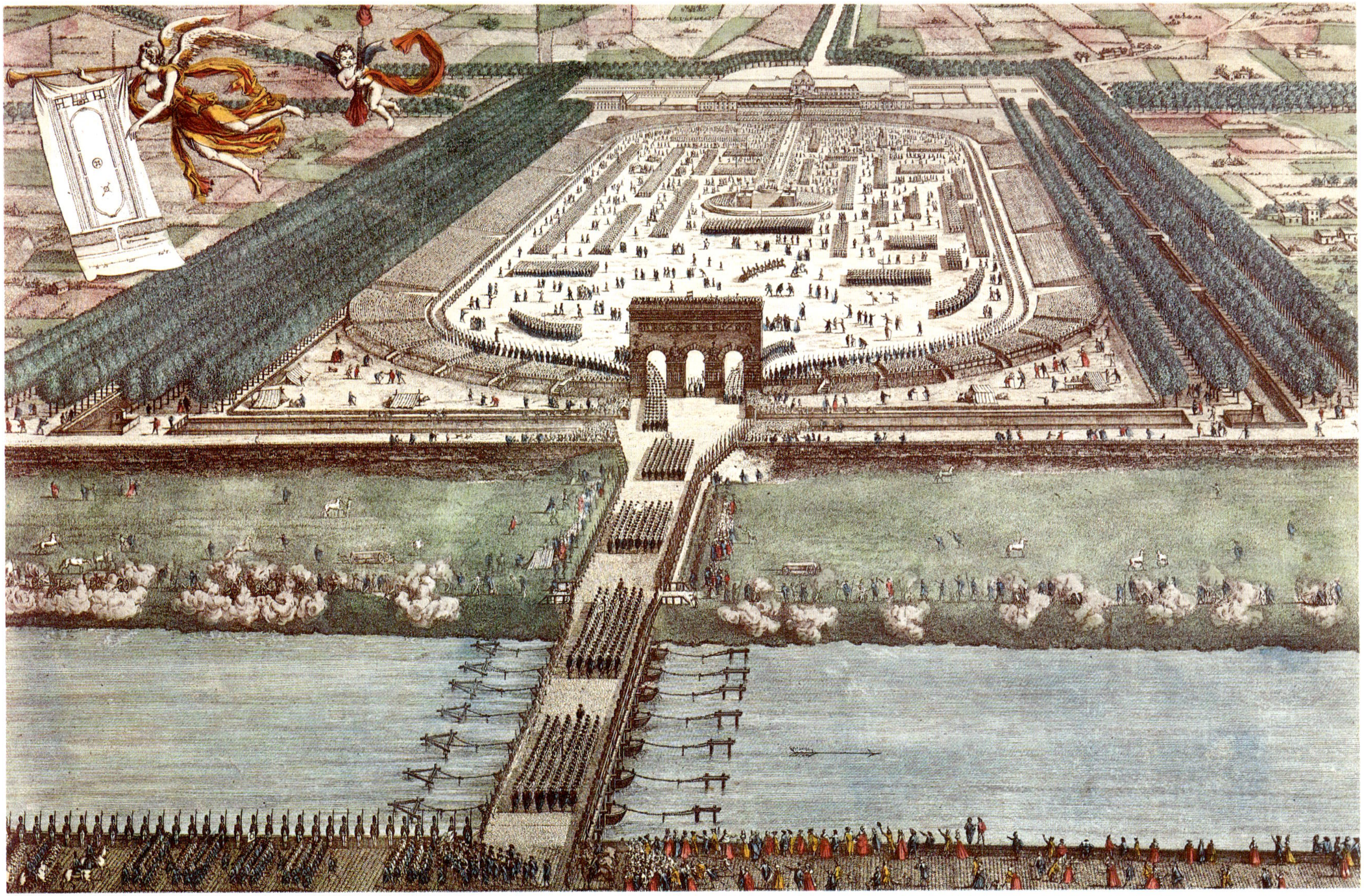

Vue générale de la Fédération française prise à vol d'oiseau au-dessus de Chaillot. Gravure de Le François, musée Carnavalet, photo J.-L. Charmet.

Bal de la Bastille. Gravure de Lecœur d'après Swebach-Desfontaines, musée Carnavalet, photo Lauros-Giraudon.

Les voyageurs de nuit. Aquatinte anonyme, musée Carnavalet, photo Édimédia.

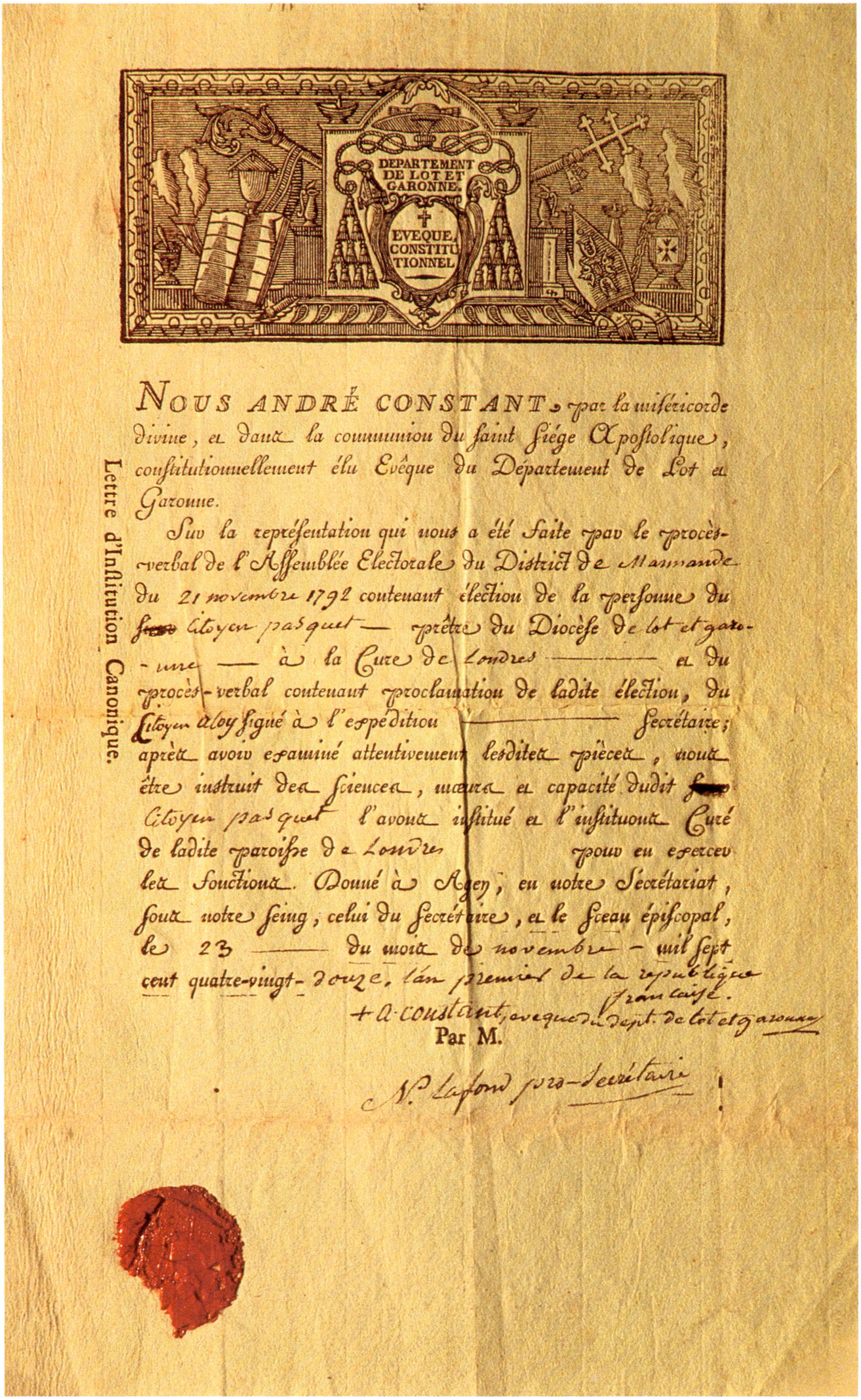

DÉPARTEMENT DE LOT ET GARONNE.

EVÊQUE CONSTITUTIONNEL

Lettre d'Institution Canonique.

NOUS ANDRÉ CONSTANT, par la miséricorde divine, et dans la communion du saint Siége Apostolique, constitutionnellement élu Evêque du Département de Lot et Garonne.

Sur la représentation qui nous a été faite par le procès-verbal de l'Assemblée Electorale du District de Marmande du 21 novembre 1792 contenant élection de la personne du ~~s~~ citoyen pasquet — prêtre du Diocèse de lot et garonne — à la Cure de Londres ——— et du procès-verbal contenant proclamation de ladite élection, du citoyen aloy signé à l'expédition ——— Secrétaire; après avoir examiné attentivement lesdites pièces, nous être instruit des sciences, mœurs et capacité dudit ~~s~~ citoyen pasquet l'avons institué et l'instituons Curé de ladite paroisse de Londres pour en exercer les fonctions. Donné à Agen, en notre Secrétariat, sous notre seing, celui du Secrétaire, et le sceau épiscopal, le 23 ——— du mois de novembre — mil sept cent quatre-vingt-douze. l'an premier de la république française.

+ A. Constant, evêque du dept. de lot et garonne

Par M.

N. Lafond pro-secrétaire

Lettre d'institution canonique. A. D. du Lot-et-Garonne, photo J. Riche.

Retour de la famille royale à Paris, le 25 juin 1791. Gravure anonyme, musée Carnavalet, photo Édimédia.

16

Fusillade du Champ-de-Mars. Gravure anonyme, musée Carnavalet, photo Édimédia.

La journée révolutionnaire du 20 juin 1792. Gravure de Berthaut d'après Prieur, Bibl. Nat., Paris, photo J.-L. Charmet.

La foule sur le pont Neuf. Gravure anglaise, musée Carnavalet, photo Édimédia.

Séance de l'Assemblée législative du 10 août 1792. Dessin de Gérard, musée du Louvre, photo J.-L. Charmet.

La patrie en danger. Peinture de Delarue, musée Carnavalet, photo Bulloz.

Massacre des prisonniers de l'abbaye Saint-Germain. Bibl. de l'Institut d'histoire de la Révolution, photo H. Josse.

Kellermann à Valmy. Eau forte de Joliot, musée Carnavalet.

Louis XVI montant à l'échafaud. Gravure anonyme, Bibl. Nat., Paris.

Le jugement de Marie-Antoinette. Gravure de Bouillon et de Casenave, musée de la Révolution française, Vizille.

L'embuscade (détail). Charles Coëssin de la Fosse (1883), musée de Cholet, photo E. Dupont

Un comité révolutionnaire. Gravure anonyme d'après Fragonard fils, Bibl. Nat., Paris, photo J.-L. Charmet.

Thomas Joux, tambour au 1er Bataillon de Lot-et-Garonne. Dessin de Labrousse, musée Carnavalet, photo Bulloz.

28

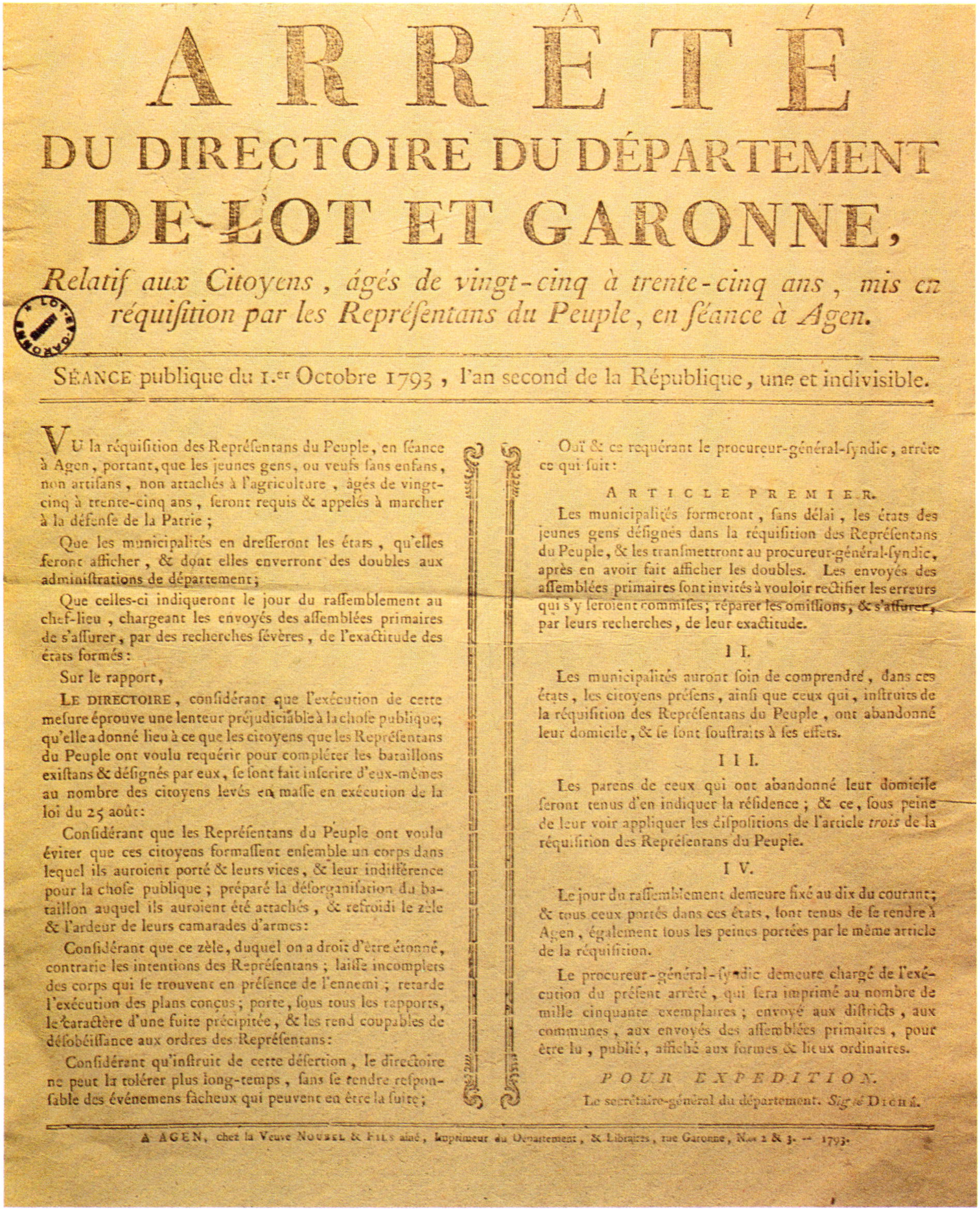

ARRÊTÉ
DU DIRECTOIRE DU DÉPARTEMENT DE LOT ET GARONNE,

Relatif aux Citoyens, âgés de vingt-cinq à trente-cinq ans, mis en réquiſition par les Repréſentans du Peuple, en ſéance à Agen.

SÉANCE publique du 1.er Octobre 1793, l'an second de la République, une et indivisible.

VU la réquiſition des Repréſentans du Peuple, en ſéance à Agen, portant, que les jeunes gens, ou veufs ſans enfans, non artiſans, non attachés à l'agriculture, âgés de vingt-cinq à trente-cinq ans, ſeront requis & appelés à marcher à la défenſe de la Patrie;

Que les municipalités en dreſſeront les états, qu'elles feront afficher, & dont elles enverront des doubles aux adminiſtrations de département;

Que celles-ci indiqueront le jour du raſſemblement au chef-lieu, chargeant les envoyés des aſſemblées primaires de s'aſſurer, par des recherches ſévères, de l'exactitude des états formés:

Sur le rapport,

LE DIRECTOIRE, conſidérant que l'exécution de cette meſure éprouve une lenteur préjudiciable à la choſe publique; qu'elle a donné lieu à ce que les citoyens que les Repréſentans du Peuple ont voulu requérir pour compléter les bataillons exiſtans & déſignés par eux, ſe ſont fait inſcrire d'eux-mêmes au nombre des citoyens levés en maſſe en exécution de la loi du 25 août:

Conſidérant que les Repréſentans du Peuple ont voulu éviter que ces citoyens formaſſent enſemble un corps dans lequel ils auroient porté & leurs vices, & leur indifférence pour la choſe publique; préparé la déſorganiſation du bataillon auquel ils auroient été attachés, & refroidi le zèle & l'ardeur de leurs camarades d'armes:

Conſidérant que ce zèle, duquel on a droit d'être étonné, contrarie les intentions des Repréſentans; laiſſe incomplets des corps qui ſe trouvent en préſence de l'ennemi; retarde l'exécution des plans conçus; porte, ſous tous les rapports, le caractère d'une fuite précipitée, & les rend coupables de déſobéiſſance aux ordres des Repréſentans:

Conſidérant qu'inſtruit de cette déſertion, le directoire ne peut la tolérer plus long-temps, ſans ſe rendre reſponſable des événemens fâcheux qui peuvent en être la ſuite;

Ouï & ce requérant le procureur-général-ſyndic, arrête ce qui ſuit:

ARTICLE PREMIER.

Les municipalités formeront, ſans délai, les états des jeunes gens déſignés dans la réquiſition des Repréſentans du Peuple, & les tranſmettront au procureur-général-ſyndic, après en avoir fait afficher les doubles. Les envoyés des aſſemblées primaires ſont invités à vouloir rectifier les erreurs qui s'y ſeroient commiſes; réparer les omiſſions, & s'aſſurer, par leurs recherches, de leur exactitude.

II.

Les municipalités auront ſoin de comprendre, dans ces états, les citoyens préſens, ainſi que ceux qui, inſtruits de la réquiſition des Repréſentans du Peuple, ont abandonné leur domicile, & ſe ſont ſouſtraits à ſes effets.

III.

Les parens de ceux qui ont abandonné leur domicile ſeront tenus d'en indiquer la réſidence; & ce, ſous peine de leur voir appliquer les diſpoſitions de l'article *trois* de la réquiſition des Repréſentans du Peuple.

IV.

Le jour du raſſemblement demeure fixé au dix du courant; & tous ceux portés dans ces états, ſont tenus de ſe rendre à Agen, également ſous les peines portées par le même article de la réquiſition.

Le procureur-général-ſyndic demeure chargé de l'exécution du préſent arrêté, qui ſera imprimé au nombre de mille cinquante exemplaires; envoyé aux diſtricts, aux communes, aux envoyés des aſſemblées primaires, pour être lu, publié, affiché aux formes & lieux ordinaires.

POUR EXPEDITION.

Le secrétaire-général du département. *Signé* DICHÉ.

A AGEN, chez la Veuve NOUBEL & FILS aîné, Imprimeur du Département, & Libraires, rue Garonne, N.os 2 & 3. — 1793.

Arrêté du Directoire de Lot-et-Garonne. A. D. de Lot-et-Garonne, photo J. Riche.

Réquisition de fourrage par un représentant en mission. Aquarelle de Wille, coll. Chauvac, photo Roger-Viollet.

Mort de Barra. Collection Hennin, gravure de Debucourt, Bibl. Nat., Paris.

Mascarade antireligieuse. Aquarelle de Béricourt, Bibl. Nat., Paris, photo Hachette.

Fête de l'Être suprême. Demachy, musée Carnavalet, photo H. Josse.

Fleurus. Gravure anonyme, musée Carnavalet, photo Édimédia.

Supplice de Gobel, Hébert, Vincent, Chaumette. Gravure de Berthaut d'après Duplessi-Bertaux, Bibl. Nat., Paris, photo Hachette.

Le IX Thermidor an II. Gravure de Helman d'après Monnet, musée Carnavalet, photo Lauros-Giraudon.

Les modérés sortent de Prison. Gravure de Leroux d'après Scheffer, musée Carnavalet, photo Hachette.

38

Journée du 1er Prairial de l'an III. Gravure de Helman d'après Monnet, musée Carnavalet, photo Édimédia.

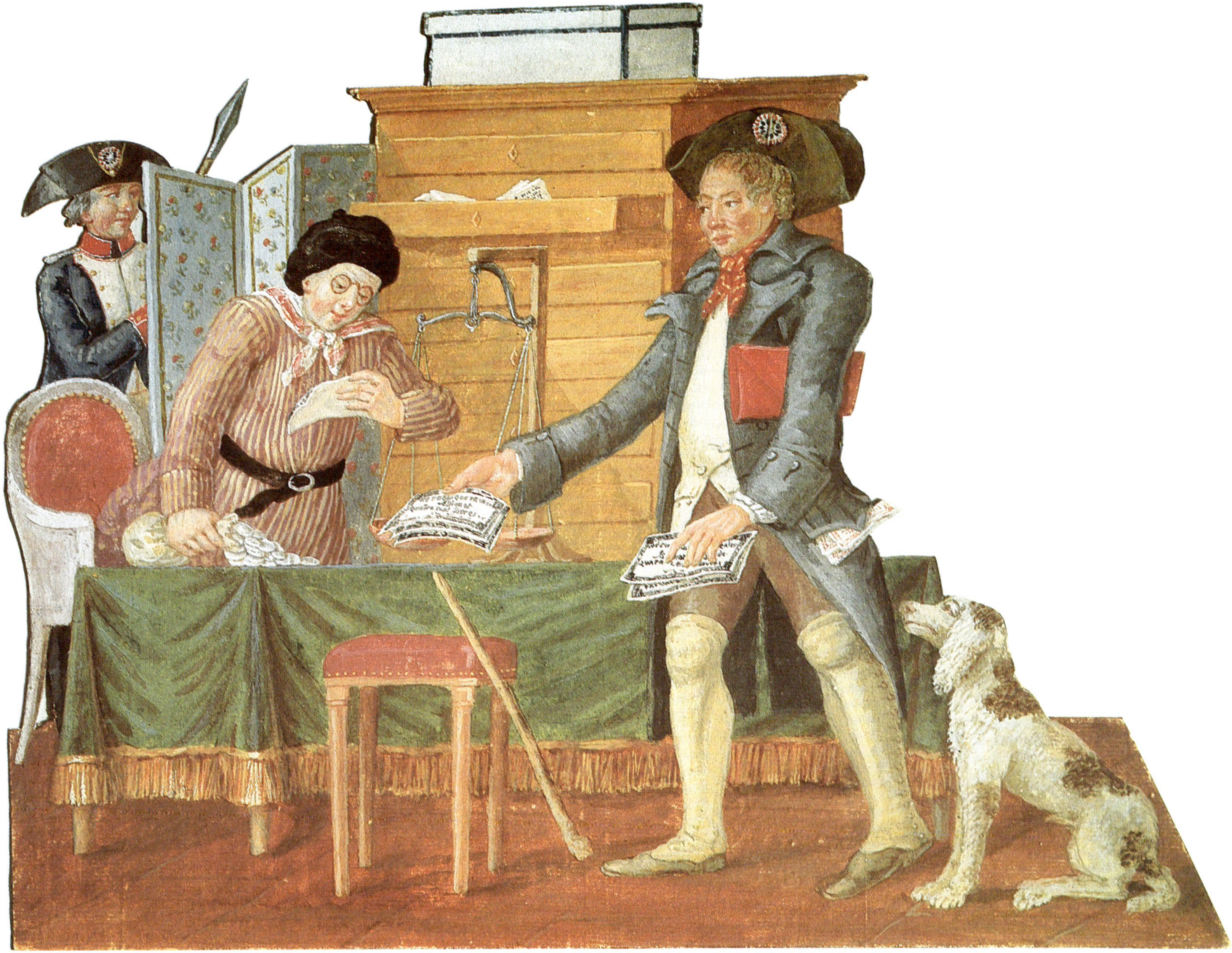

Les difficultés monétaires de la Convention. Gouache de Lesueur, musée Carnavalet, photo H. Josse.

39

Le débarquement de Quiberon le 21 juillet 1795. Gravure de Pourvoyeur d'après Raffet, musée Carnavalet, photo Édimédia.

Le 13 Vendémiaire. Gravure de Berthaut d'après Girardet, Bibl. Nat., Paris, photo H. Josse.

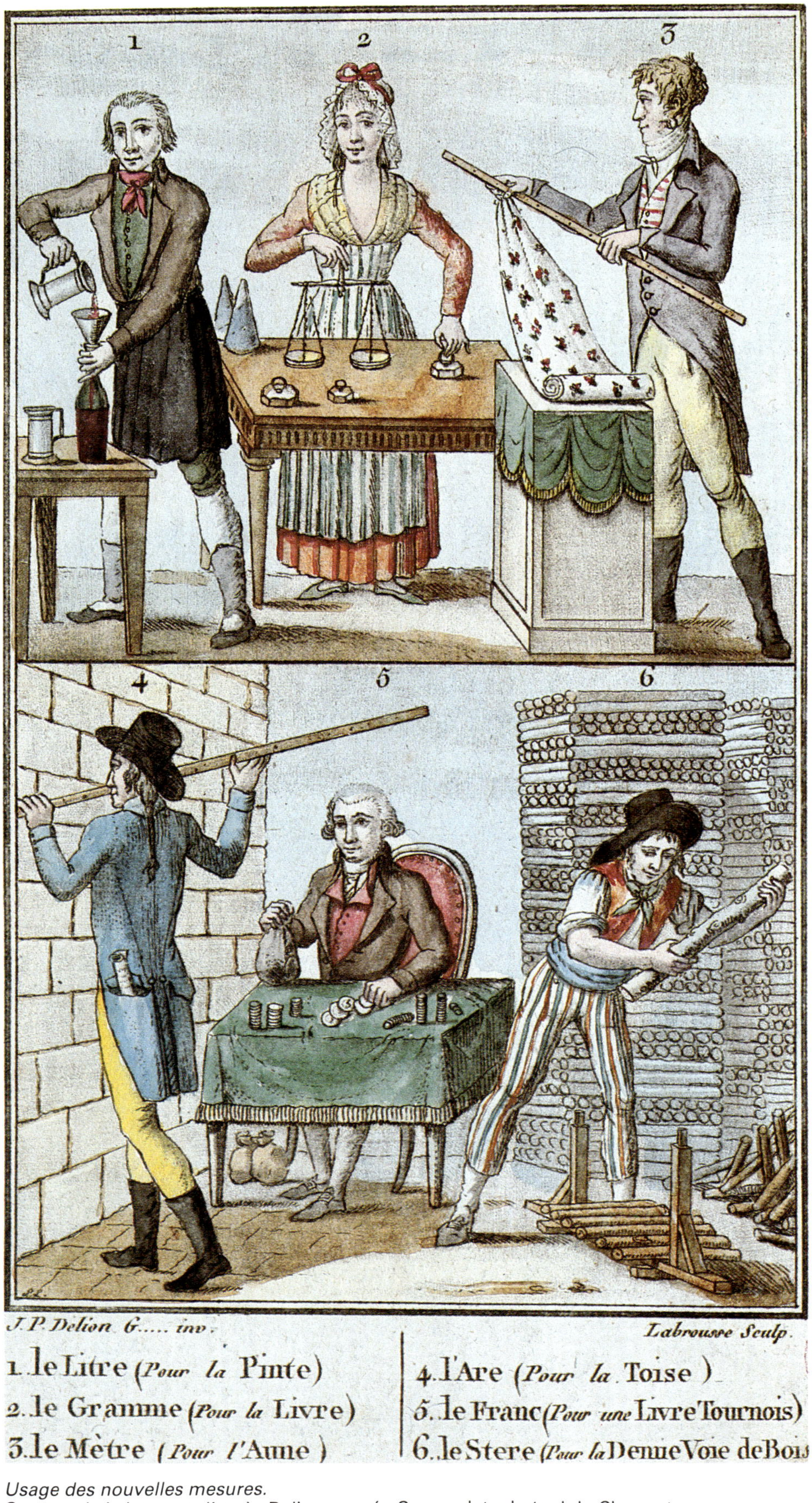

Usage des nouvelles mesures.
Gravure de Labrousse d'après Delion, musée Carnavalet, photo J.-L. Charmet.

Entrée des Français dans Milan. Gravure de Duplessi-Bertaux d'après Vernet, Bibl. Nat., Paris, photo Lauros-Giraudon.

Enlèvement du Saint Jérôme du Corrège à Parme. Musée du Louvre, photo H. Josse.

Bataille des Pyramides, 21 juillet 1798. Peinture de Lejeune, musée de Versailles, photo H. Josse.

Matinée du 18 Brumaire. Gravure d'après Champion, Bibl. Nat., Paris, photo Bulloz.

Documents révolutionnaires

J.-L. NEMBRINI
Professeur agrégé à l'École
Normale d'Agen

Livre du maître

HACHETTE
Éducation

Avant-propos

Cet ensemble de 46 documents avec leurs commentaires ne peut composer un panorama complet de la Révolution. Des domaines aussi importants que l'histoire économique ou sociale pourront paraître sous représentés : la documentation concernant ces thèmes est réduite, les artistes de l'époque ayant d'abord illustré les grands événements liés au déroulement politique de la Révolution.

Cette série de représentations est d'abord conçue comme une chronique des années 1789-1799. Les enseignants retrouveront naturellement des images des grandes journées qui, placées en ordre sur une frise du temps, pourront donner une vue d'ensemble de la période.

Les documents choisis sont pour la plupart contemporains des faits qu'ils illustrent. Non que l'on ait considéré qu'en « collant » à l'événement, un document soit plus objectif qu'une représentation ultérieure : notre volonté a d'abord été de saisir les sentiments des contemporains sur les faits vécus, ainsi que l'importance symbolique qu'ils leur accordèrent à l'époque. Pour faciliter l'interprétation, et lorsque cela était possible, la tendance personnelle de l'artiste a été indiquée.

Lorsque plusieurs versions d'un fait nous ont parues d'égale valeur pédagogique, la qualité artistique a guidé notre choix. Nous avons également tenté, pour qu'une certaine idée de la communication de l'information à l'époque puisse être donnée, de suivre les grandes chroniques de la Révolution : la « collection des principales journées de la Révolution » de Monnet gravé par Duplessi-Bertaux et Helman ; les « Tableaux historiques de la Révolution française » auxquels contribuèrent Swébach-Deffontaines, Prieur, Duplessi-Bertaux, Girardet... gravés par Berthaud. De même, afin que les élèves se rendent compte que, mis à part les grands maîtres comme David, l'expression artistique a été variée et parfois de grande qualité, nous avons choisi de montrer la diversité des techniques utilisées : eaux-fortes et aquatintes, gouaches et aquarelles...

Une majorité de documents ont Paris pour cadre ; cependant quelques planches illustrent le cours de la Révolution dans les provinces, et l'impact de certains événements ou décisions : la Grande Peur, la constitution civile du clergé, la levée en masse...

Afin de faciliter son insertion dans les différents projets pédagogiques, chaque illustration est située dans son contexte historique, en outre des éléments d'analyse et de description sont proposés. Enfin, pour les enseignants qui souhaiteraient aborder seulement certains aspects de la Révolution, les documents ont été regroupés en thèmes d'étude.

En espérant répondre aux besoins des enseignants dans cette période du bicentenaire de la Révolution française, nous souhaitons contribuer à donner un sens pédagogique à la commémoration.

L'auteur

Saisie Mathor : LAMBDA-BARRE
Photocomposition : COUPÉ S.A. 44880 Sautron

ISBN 2-01-013492-3

① LES ABUS PESANT SUR LE PEUPLE

1. Présentation du document

Cette série de vignettes réalisées dans les premiers mois de 1789 — le temps des élections aux États généraux — illustrent les doléances populaires. À la manière d'une bande dessinée, ces aquatintes, sur le ton de la prière, présentent les malheurs du peuple. L'artiste est demeuré anonyme ; ses gravures, bien que naïves, ne manquent pas de réalisme.

2. Contexte historique

De la convocation des États généraux, le 8 août 1788, à leur ouverture solennelle au début du mois de mai, les Français, pour la première fois, « ont eu la parole », sur l'invite du Roi lui-même. Les assemblées primaires, ou de baillage, réunies pour élire les délégués des trois ordres, mirent en forme des cahiers de doléances. Souvent conformes à des modèles généraux qui circulaient dans le pays, ces cahiers font apparaître des thèmes revendicatifs dont ces vignettes expriment quelques exemples.

3. Analyse du document

Les illustrations des injustices et des privilèges de la société prérévolutionnaire sont très nombreuses : chacun a en mémoire l'image de l'hydre multicéphale figurant les multiples impôts de l'Ancien Régime, ou celles du paysan portant les privilégiés...

Ces aquatintes expriment également, mais de façon moins allégorique, la condition populaire. Ce n'est pas le peuple déterminé à la réforme que l'on a sous les yeux mais, au contraire, une image de la soumission et de l'impuissance.

• La justice d'Ancien Régime, dans les mains de robins propriétaires de leurs charges, était indissociable de la pratique du versement d'« épices » : elle n'était pas rendue gratuitement, aussi le plaideur devait-il payer, en nature ou en argent, les juges, les avocats et les greffiers. En outre, la complexité des juridictions, autant que la rapacité de certains de ces « suppôts de la justice », entraînaient des procès interminables et fort coûteux. La gravure montre bien le magistrat aux doigts crochus, encaissant une somme que l'on devine importante avant de se voir offrir un lapin.

• Jusqu'en 1789, la chasse était un privilège réservé à la noblesse : c'est à la fin du XIVe siècle que ce droit s'établit. Le complément de nourriture que le gibier était susceptible d'offrir tentait fort les paysans, mais de lourdes peines menaçaient le braconnier. Si l'ordonnance de 1669 avait supprimé la peine de mort prévue par Henri IV en 1601, le braconnage pouvait encore conduire aux galères. Le document montre un chasseur pris en flagrant délit par le garde : son fusil est confisqué et il est conduit au juge.

• La France d'Ancien Régime se caractérise aussi par l'existence de barrières intérieures. Entre les « provinces réputées étrangères » — Bretagne, Angoumois, Guyenne, Limousin, Languedoc, Provence, Dauphiné, Lyonnais, Artois et Flandre — et le vieux pays français étaient établis des droits de douane, les traites. À cela s'ajoutaient les octrois, perçus à l'entrée des villes, et les aides, taxant de nombreuses denrées dont les boissons. Tous ces impôts et péages paralysaient le commerce. Aux États généraux de 1614, déjà, la suppression des douanes intérieures avait été demandée.

• La milice fut créée par Louvois au moment de la guerre de la Ligue d'Augsbourg. Sous Louis XV cette institution devint permanente : chaque année plusieurs dizaines de milliers de paysans étaient tirés au sort, parmi les célibataires de 16 à 25 ans, pour compléter les troupes. Les paroisses devaient les équiper et les armer. La gravure présente le tirage au sort. La milice était très impopulaire, comme le sera d'ailleurs, sous la Révolution, la levée en masse.

② L'OUVERTURE DES ÉTATS GÉNÉRAUX

1. Présentation du document

Cette gravure illustre la cérémonie d'ouverture des États généraux réunis à Versailles dans l'Hôtel des Menus-Plaisirs. Le 4 mai 1789, les représentants des trois ordres défilèrent en une procession cérémonieuse, chacun à sa place et revêtu du costume officiel. Le 5 mai, Louis XVI ouvrit solennellement cette assemblée qui n'avait pas été réunie depuis 1614.

Cet événement a donné lieu à de nombreuses représentations de la part d'artistes contemporains connus, comme Moreau le Jeune ou Monnet, ou anonymes. Cette gravure de Helman, d'après un dessin de Charles Monnet, appartient à un ensemble de quinze planches, intitulé *Collection des principales journées de la Révolution* et gravé de 1790 à 1802.

2. Contexte historique

Dès la présentation des députés dans la chambre du roi, le 2 mai 1789, le pouvoir n'avait manifestement pas compris que les États généraux ne se contenteraient pas d'agir dans le cadre fixé. Le 5 mai, les 578 membres du Tiers État, les 270 représentants de la noblesse et les 291 députés du clergé se disposèrent en bon ordre dans la salle des Menus-Plaisirs. Mais les privilégiés étaient profondément désunis face à un Tiers, constitué en majorité d'hommes de loi, décidé à ce qu'on appellera la révolution juridique, c'est-à-dire à de profondes réformes.

Le 5 mai, le roi prononça un discours sans vigueur d'où était exclue toute volonté d'innovation. La majorité des députés — surtout ceux du Tiers État — quittèrent cette réunion fortement déçus mais toujours déterminés. Dès le lendemain, les membres du Tiers prirent le nom de « députés des Communes ».

3. Analyse du document

La gravure montre bien cet aspect désuet de la puissance royale. En apparence, rien n'est changé : autour du roi, qui préside, la reine à ses côtés, l'assemblée s'organise symboliquement en fonction de la place de chacun des ordres dans la société.

— De part et d'autre du roi, sur l'estrade, se trouve la cour.

— Autour de la table se disposent les membres du gouvernement ; le ministre Necker, debout, prononce un long discours sur les questions financières.

— À gauche, à la droite du roi, siègent les membres du clergé.

— À droite, on distingue les députés de la noblesse, vêtus de l'habit à parement d'or.

— Au premier plan, face au roi, les représentants du Tiers État, en costume officiel noir, apparaissent en rangs serrés.

La salle des Menus-Plaisirs, prestigieuse avec ses plafonds à caissons, ses deux rangs de colonnes à chapiteaux doriques et ses décorations, a fortement retenu l'attention de l'artiste. Le dais surmontant le trône renforce l'idée d'un ordre immuable. Cette salle est l'image de la grandeur et de la puissance, apparemment inentamées, de la monarchie absolue.

(3) LE SERMENT DU JEU DE PAUME

1. Présentation du document

Le serment du Jeu de paume, le 20 juin 1789, est une des grandes dates de la Révolution. C'est un des repères symboliques essentiels de la période ; un de ceux que l'enseignement, notamment l'école laïque, a magnifiés à travers de multiples représentations. Le thème de l'union et de la volonté du peuple rassemblé a des vertus pédagogiques dépassant le cadre de cet événement.

David (1748-1825), le grand peintre de la Révolution et de l'Empire, en a donné la version la plus forte, au point que l'évocation du 20 juin 1789 est indissociable de sa vision. Pourtant l'artiste ne put conduire lui-même à terme son projet, commandé par l'Assemblée constituante (la plupart des personnes représentées étant devenues par la suite suspectes) ; il nous reste une ébauche et un dessin à la plume rehaussé au lavis réalisé en 1791. Luc-Olivier Merson, s'aidant de ces éléments, a peint une grande toile pour décorer la salle du Jeu de paume, à Versailles, en 1883.

David fut véritablement un peintre engagé dans le combat politique de la Révolution. Jacobin, il siégea à la Convention dans les rangs de la Montagne et des robespierristes. Il fit même partie du Comité de sûreté générale à qui revint l'organisation de la Terreur. Plus tard, il mit son art au service du Consulat et de l'Empire.

2. Contexte historique

Le serment du Jeu de paume est un des points forts de la première période de la Révolution : la phase juridique. Le Tiers État refusa vite de se constituer en assemblée particulière, conséquence pratique du vote par ordre que voulait maintenir le roi. Le 17 juin, après une semaine de tractations avec le clergé et la noblesse afin que les pouvoirs des députés soient vérifiés en commun, le Tiers se proclama Assemblée nationale, compétente pour consentir l'impôt ; le 19 juin, le clergé accepta la vérification commune des pouvoirs.

Le 20 juin, le roi ayant fait fermer leur salle, les députés, sous la conduite du docteur Guillotin, se réunirent dans la salle du Jeu de paume ; ils jurèrent de « ne jamais se séparer... jusqu'à ce que la Constitution fût établie et affermie sur des fondements solides ».

3. Analyse du document

Le tableau de David contraste avec la belle ordonnance de l'ouverture des États généraux. Au centre, Bailly, député de Paris et astronome célèbre, prononce le serment. Mais la représentation n'est pas réaliste : si Bailly présidait effectivement l'Assemblée le 20 juin, ce fut Mounier, de Grenoble, qui lut la déclaration solennelle. En outre, Bailly ne peut tourner le dos à l'essentiel des députés. L'orateur s'adresse ici à un autre auditoire (peut-être les jacobins, à qui une version de l'œuvre était destinée).

Au premier plan, trois personnages, deux clercs (dont l'abbé Grégoire) et un bourgeois (le pasteur Rabaud Saint-Étienne) symbolisent la réunion des ordres. À droite, le seul opposant, Martin d'Auch, se croise les bras pour exprimer son refus ; en fait, il avait quitté la salle.

Par la présence populaire aux fenêtres, que l'on ne retrouve pas sur les autres représentations de cette journée, David voulait, en complément de la détermination de l'Assemblée, exprimer le soutien du peuple ; le vent de l'orage agitant les tentures renforce cette expression.

④ AU PALAIS-ROYAL, LE 10 JUILLET 1789

1. Présentation du document

Au mois de juillet 1789, les événements se précipitèrent. Juridique jusque-là et essentiellement suspendue aux luttes de l'Assemblée réunie à Versailles, la Révolution concerna de plus en plus le peuple de Paris. La foule des faubourgs entra en scène tandis que menaçait la répression royale : les troupes étrangères (mercenaires) se concentraient à Paris et à Versailles.

Le document, une aquatinte de Janinet, montre la fraternisation, au Palais-Royal, entre les gardes françaises et le peuple. Graveur connu à l'époque, Janinet a publié les *Gravures historiques des principaux événements depuis l'ouverture des États généraux*, 56 œuvres présentant les principaux épisodes de la Révolution, de 1789 au printemps 1791.

2. Contexte historique

Le Palais-Royal était l'un des lieux où se faisait l'opinion. Au mois de juillet, face au rassemblement des troupes étrangères, la tension populaire s'accrut. Le 25 juin, les électeurs parisiens, qui avaient désigné les députés de la ville pour les États généraux, constituèrent une municipalité parallèle. Pour répondre aux menaces de la cour, la bourgeoisie organisa la riposte. Le contexte était favorable, car la hausse du prix du pain, après la mauvaise récolte de 1788, provoqua le mécontentement populaire : la crise économique et la crainte d'un complot aristocratique conjuguèrent leurs effets. Le 10 juillet, les troupes étrangères se heurtèrent aux gardes françaises.

3. Analyse du document

La gravure ne met pas l'accent sur la violence qui s'était déjà manifestée, ni sur l'action politique de quelques orateurs qui, tel Camille Desmoulins, en ces jours prérévolutionnaires, haranguaient les foules. Elle montre la fraternisation du peuple et des gardes françaises en uniforme. Cependant, tout exprime la détermination : le mouvement des danseurs au centre, les jeux de mains accompagnant les discussions au premier plan, les nouveaux arrivants à droite se dirigeant vers la foule où l'on imagine des débats. Aucune violence donc dans cette composition, mais des gestes fraternels qui rassemblent les foules et préludent aux grands mouvements.

À l'arrière-plan, partiellement cachées par les grands arbres, on reconnaît les galeries entourant les jardins du Palais-Royal.

Notons que l'artiste insiste sur la présence des femmes du peuple, les « poissardes », dans les foules révolutionnaires.

⑤ À PARIS DANS LA NUIT DU 12 AU 13 JUILLET

1. Présentation du document

Le 12 juillet 1789, la violence éclate dans Paris. Les premiers groupes armés se constituent pour résister à la pression des troupes étrangères, mais aussi pour protéger des biens qu'un peuple excité par l'augmentation du prix du pain pourrait bien menacer.

Cette très belle aquatinte de Sergent illustre les débuts de la constitution des gardes bourgeoises.

L'auteur, révolutionnaire convaincu, puisqu'il fut membre de la Commune de Paris et député à la Convention, réalisa une série de gravures, dont celle-ci, en 1790, pour une société londonienne.

2. Contexte historique

Le renvoi de Necker par le roi le 11 juillet, trop complaisant face aux députés, fut pour les Parisiens le signe d'une menace imminente sur l'Assemblée nationale. Pour le peuple, c'était la fin des espoirs qui grandissaient depuis le printemps ; pour les rentiers, ce fut la crainte d'un effondrement économique, car Necker inspirait confiance.

Le 12 juillet, une colonne du Royal Allemand (troupe étrangère), concentré à Paris, s'affronta à des manifestants. Aux Tuileries, où certains d'entre eux s'étaient réfugiés, les soldats sabrèrent aveuglément, frappant des promeneurs. Le Royal Allemand se heurta aussi aux gardes françaises.

Le peuple incendia des bâtiments de l'octroi. À l'Hôtel de Ville, un comité permanent, rapidement constitué, décida de créer une milice bourgeoise, régulièrement armée, premier pas vers la garde nationale. En effet, de nombreux particuliers s'armaient et l'on allait au désordre incontrôlé. Le 13 juillet, d'ailleurs, l'insurrection se précisa, avec le pillage de la Maison de Saint-Lazare, opulent établissement religieux, où le peuple s'empara du grain.

3. Analyse du document

La gravure montre l'aspect encore inorganisé de cet embryon de garde bourgeoise. Hommes et femmes se mêlent. Les tenues sont diverses : redingote et chausses, simple chemise, uniformes... L'armement hétéroclite témoigne de l'improvisation : fusils, épées, haches, croissants...

Sur le plan purement artistique, on observera le contraste entre l'attroupement éclairé par la lumière des flambeaux et les bâtiments plongés dans la nuit.

(6) LA PRISE DE LA BASTILLE

1. Présentation du document

Les illustrations de la prise de la Bastille, événement devenu le symbole des débuts de la Révolution, abondent. Les plus grands graveurs de l'époque ont immortalisé le 14 Juillet : Helman, toujours d'après Charles Monnet (voir doc. 2), Berthaud, à partir d'un dessin de Prieur (voir. doc. 18), Demachy (voir doc. 33), Janinet (voir doc. 5) et bien des artistes anonymes ont laissé leurs représentations des faits. Les différents moments de cette journée ont ainsi été illustrés : les combats, le gouverneur de Launay faisant tirer sur le peuple, son arrestation et sa mise à mort. Ce premier grand débordement de la violence populaire a fortement marqué les contemporains. Les artistes ne nous donnent pas toujours une image fidèle des épisodes qu'ils décrivent, mais la manière dont ils présentent la prise de la Bastille et les exécutions révolutionnaires, en insistant sur l'action populaire, indique que, dès le départ, l'événement fut bien saisi comme un symbole.

Cette œuvre de Cholat, qui participa lui-même aux combats, est d'essence naïve mais la couleur, les libertés qu'il prend avec la perspective et avec la chronologie des faits nous donne une vue d'ensemble, très pédagogique, de cette journée.

2. Contexte historique

Depuis le renvoi de Necker par le roi et la montée des menaces sur l'Assemblée nationale, la violence s'était installée dans Paris : la constitution d'une garde bourgeoise, après les affrontements du 12 juillet avec les troupes étrangères, était l'une des manifestations de la volonté de résistance des révolutionnaires.

Le 14 juillet au matin, la foule, composée surtout d'artisans et de boutiquiers du faubourg Saint-Antoine et du Marais, se porta aux Invalides, où elle se fit remettre, sans résistance, trente-deux mille fusils et quelques canons. Elle se dirigea ensuite vers l'Arsenal — où elle ne trouva rien — puis à la Bastille. L'intention première n'était donc pas de prendre cette forteresse, bien que celle-ci fût haïe des Parisiens ; d'ailleurs, on ne disposait pas de matériel de siège. Comme aux Invalides, on tenta d'abord de négocier : le gouverneur de Launay accueillit à sa table deux délégués du comité permanent de la ville de Paris. À la suite de malentendus se déclencha une fusillade qui tua une centaine de manifestants. L'assaut fut alors donné ; des détachements des gardes françaises prêtèrent main forte. La garnison se rendit rapidement ; le gouverneur de Launay, accusé de traîtrise, fut massacré avec quelques-uns de ses hommes, après la reddition.

Presque immédiatement, l'événement acquit une portée symbolique : l'irruption de la liberté, dont c'était la première victoire, au cœur même du monument du despotisme.

Le lendemain, le roi renvoya les troupes menaçant Paris et l'Assemblée ; le 16 juillet, Necker fut rappelé ; le 17 juillet, il vint à Paris où il se coiffa du fameux chapeau à cocarde tricolore, l'emblème choisi la veille par la Garde nationale et son commandant, La Fayette.

3. Analyse du document

Le tableau de Cholat situe dans une même scène les divers moments de la prise de la Bastille. L'auteur présente la fusillade qui déclencha l'assaut ; au premier plan, dans un geste désemparé, l'abbé Fauchet, l'un des négociateurs envoyés à de Launay par le comité permanent, agite un mouchoir blanc. On voit également, au second plan, les manifestants forçant le pont-levis. Enfin, l'artiste a représenté l'assaut final, avec les canons à l'extérieur et les combats rapprochés.

On remarquera, mêlés aux attaquants, les soldats des gardes françaises. Parmi les civils, on devine des bourgeois portant la culotte, mais également des hommes des faubourgs habillés du pantalon (les sans-culottes).

Malgré l'absence de précision, les différents ensembles constituant le quartier de la Bastille sont visibles : au premier plan, la cour extérieure donnant sur la rue Saint-Antoine ; puis le pont-levis et la seconde cour sur laquelle s'ouvrait la porte de la forteresse, protégée par des fossés.

⑦ LA GRANDE PEUR

1. Présentation du document

Il s'agit d'un compte rendu du comité permanent de la ville d'Agen, daté du 9 août 1789, rappelant les événements des jours précédents : la Grande Peur dans la région et ses conséquences.

« Le Comité permanent de la ville d'agen étant assemblé dans l'hôtel commun cejourd'hui neufvième août mil sept cent quatre vingt neuf, Monsieur le Président a dit, que le bruit allarmant qui se répandit dans cette ville vers les onze heures de la nuit du trente du mois dernier, qu'une troupe nombreuse de brigans armés venoient de sacager la contrée de Casseneuil et s'étoit acheminée vers la présente ville pour en exterminer les habitants, le premier empressement d'une foule de citoyents fut de se transporter a Larsenal des troupes provinciales établi dans l'hôpital delas dont elle enfonça la porte pour se pourvoir de toutes les armes nécessaires pour la déffense commune que depuis ce temps la, différentes compagnies du Régiment des Volontaires établi dans cette ville pour le maintient de la surетté publique, ont demandé aussi la permission d'aller chercher au dit arsenal le nombre des fusils & autres armes qui leur manquaient, ce que le comité a trouvé très juste de leur accorder... »

Ce texte a un double intérêt pédagogique : il présente en effet une de ces authentiques « peurs » comme la France entière en a connues du 24 juillet au 4 août 1789 ; il montre également ses conséquences, la révolution municipale, avec la mise en place de nouvelles autorités et, surtout, la constitution d'une garde armée.

2. Contexte historique

La nouvelle de la prise de la Bastille, connue au plus tard le 19 juillet dans les villes de France, eut comme conséquence la révolution municipale. Partout les anciennes municipalités ont été, soit éliminées par la force, soit — ce fut le cas à Agen — intégrées dans des comités permanents favorables à la Révolution. La première tâche de ces comités — comme on le vit à Paris le 12 et le 13 juillet — fut de constituer des gardes bourgeoises afin d'assurer le maintien de l'ordre. Dans toute la France, quelles qu'en fussent les formes, la révolution municipale aboutit à la destruction de la centralisation monarchique. « Les autonomies locales longtemps brimées par l'absolutisme se donnèrent libre jeu; la vie municipale foisonna à nouveau. La France s'était municipalisée. » (A. Soboul, *Histoire de la Révolution française.*)

Dans les campagnes, la crise économique des derniers mois, en augmentant le nombre des miséreux errants, accroissait les risques de jacquerie et le sentiment d'insécurité. Les événements du 14 juillet jouèrent là aussi le rôle de déclencheur. La Peur, partie de plusieurs foyers en France, se répandit comme une traînée de poudre : des brigands armés par les aristocrates menaçaient les récoltes... Partout on s'arma pour leur résister. En Aquitaine, on attendait les Anglais qui, selon les missives les plus alarmantes, arrivaient par milliers, détruisant tout. La terreur passée et la raison revenue, les paysans demeurèrent armés et la jacquerie antinobiliaire reprit le dessus : en de nombreuses régions les châteaux furent assaillis et les terriers (registres cadastraux où étaient consignés les droits seigneuriaux), détruits.

3. Analyse du document

Le comité permanent vient de se constituer : il est, comme dans bien d'autres villes, contrôlé par la bourgeoisie urbaine. Son souci évident est de se placer à la tête d'un mouvement qu'il convient de dominer. Il tient à rappeler, dix jours après les faits, l'origine de la peur, le mouvement spontané de la foule, consécutif à la panique et pour cela excusable. Il légalise enfin l'armement légal des volontaires chargés de la sécurité publique. Une autorité municipale existe et elle s'attribue, en premier lieu, le pouvoir de maintenir l'ordre et de contrôler les forces nécessaires.

(8) L'ABANDON DES PRIVILÈGES

1. Présentation du document

Cette gravure de Helman, d'après un dessin de Charles Monnet, appartient, comme l'« Ouverture des États généraux » (voir doc. 2), à la *Collection des principales journées de la Révolution.* Il y eut de très nombreuses représentations allégoriques de l'Abolition des privilèges : triomphe de la liberté; images des trois ordres à nouveau rassemblés, de la réconciliation, de paysans détruisant au fléau les vestiges de l'inégalité. D'autres insistent malicieusement sur l'inversion des rôles : paysan juché sur le dos d'un privilégié... Certaines montrent mieux ce qui paraît être le résultat d'un coup de force : le Tiers État brisant ses chaînes. Mais la vision la plus symbolique demeure celle de cette salle des Menus-Plaisirs au cours de la nuit du 4 août 1789, que l'on peut comparer à l'ouverture solennelle des États généraux.

2. Contexte historique

La nuit du 4 août 1789 est la conséquence directe de l'insurrection paysanne commencée le 24 juillet. Face au refus du paiement des droits seigneuriaux par les paysans armés qui, partout en France, passèrent de la peur à la révolte, l'Assemblée, inquiète de cette nette mise en cause de la propriété, songea à la répression. Très vite, cependant, on en vint à l'idée que les prérogatives et titres spéciaux des privilégiés n'étaient que le résultat d'une usurpation et, de ce fait, non assimilables au droit naturel de propriété.
Le duc d'Aiguillon, l'un des plus grands propriétaires du royaume, fut l'instigateur de l'abandon des privilèges ; le clergé s'y rallia en renonçant à la dîme. Cette nuit du 4 août, l'enthousiasme fut grand. L'Ancien Régime paraissant abattu, l'ordre — objectif fondamental — pouvait revenir dans les campagnes.

En fait, si les droits de chasse et de colombier, les justices seigneuriales... étaient directement abolis, ainsi que les corvées et les privilèges des personnes des villes et des provinces, les droits féodaux pesant sur les terres devaient être rachetés. Plus restrictif encore, les seigneurs n'avaient aucune preuve à fournir pour justifier leurs exigences anciennes... Sous la Convention, le 17 juillet 1793, fut décidée l'abolition pure et simple, sans indemnité.

3. Analyse du document

La perspective est différente de celle de l'« Ouverture des États généraux » ; la vision, plus rapprochée, semble montrer l'activité des députés, leur enthousiasme à remettre en cause l'ordre ancien, tandis que le recul que s'est donné l'artiste pour représenter la cérémonie du 5 mai fait disparaître les hommes au profit des ensembles constitués. Ici, la volonté des représentants du peuple est manifeste.

Beaucoup de regards, de gestes et d'attitudes convergent vers le vicomte de Noailles qui, au deuxième plan, debout derrière une table, formule les propositions d'abandon des privilèges. Pourtant l'essentiel réside dans les apartés ; les déplacements de députés, l'irrégulière densité d'occupation des bancs : rien pour autant qui symbolise le désordre, mais, au contraire, l'expression de la fébrilité accompagnant les grands moments.

(9) LES DROITS DE L'HOMME

1. Présentation du document

Après la mise à bas de l'Ancien Régime dans la nuit du 4 Août, les constituants s'attachèrent à construire un nouveau système politique. L'idée d'élaborer une déclaration des droits de l'homme fut acquise avant l'abolition des privilèges ; mais la rédaction, âprement discutée, ne s'acheva que le 26 août. Dès lors ce texte s'imposa comme les nouvelles Tables de la loi de la Révolution : les artistes le présentent souvent ainsi, orné de différentes figures allégoriques. La gravure de Niquet le Jeune, tirée d'une série intitulée *Tableaux historiques de la Révolution française*, publiée en 1798, demeure fidèle aux images classiques.

2. Contexte historique

Pour l'historien Georges Lefèvre, la Déclaration des droits est « l'acte de décès de l'Ancien Régime ». Pour A. Soboul, elle constitue « le catéchisme de l'ordre nouveau » ; en effet, elle se présente comme une série de principes à portée universelle, fondés sur la théorie du droit naturel, issus de la raison humaine, comme l'exprime Montesquieu. Ces droits « imprescriptibles » préexistent à toute organisation sociale ou étatique, et leur non-respect justifie l'insurrection ; ils sont énumérés dans l'article II : « la liberté, la propriété, la sûreté, la résistance à l'oppression ».

La Déclaration définit également les droits de la nation formée de l'ensemble des citoyens. De la nation émane la loi, exprimant la volonté générale. L'État n'est plus souverain : sa fonction est de préserver les droits de l'homme et du citoyen ; la séparation des pouvoirs le maintient dans ses limites.

Ce texte, profondément inscrit dans Contexte historique, justifie la Révolution qui vient de se produire. Pour l'avenir, la prudence domine : tout indique que si l'ordre politique est remis en cause, l'ordre social doit demeurer. La liberté de la presse reste vaguement soumise à la loi ; l'égalité se limite au domaine civil ; et, surtout, le texte de la Constitution, en excluant du droit de vote tous les non-propriétaires, se situe fortement en retrait par rapport aux principes. Ajoutons que les droits de l'homme ne s'étendaient pas aux esclaves des colonies.

3. Analyse du document

La gravure de Niquet exprime l'idée que la Déclaration des droits de l'homme inaugure une ère nouvelle. À gauche de la table des dix-sept articles, l'ordre ancien, symbolisé par l'ombre et la violence de l'orage, est le temps de la soumission à l'arbitraire féodal. À droite triomphe la lumière : hommes et femmes dansent autour d'un mai de la liberté surmonté du bonnet phrygien.

Au centre de la composition, la figure de la justice, ou de la liberté, guide un enfant ; elle symbolise à la fois la jeunesse de la nation souveraine et l'avenir. Elle montre les tables de la loi nouvelle, couronnées et protégées par de longues palmes.

(10) LES JOURNÉES D'OCTOBRE 1789

1. Présentation du document

Les événements du début du mois d'octobre, notamment les journées du 5 et du 6, ont été abondammment illustrés : les gravures de Berthaud (doc. 18), les aquatintes de Janinet (doc. 5)... présentent le détail de cette période d'effervescence populaire féminine. Les images du carrosse royal ramenant à Paris Louis XVI et sa famille sont bien connues ; cette gravure anonyme coloriée exprime à la fois la violence, la fête et l'espoir qui marquèrent ces journées.

2. Contexte historique

À l'automne 1789, comme au mois de juillet, la crise économique agitait la capitale : le pain manquait. En outre, le roi tentait à nouveau d'opposer la force aux décisions de l'Assemblée. Mais, à Paris, la multiplication des clubs populaires et la presse patriotique tenaient le peuple informé : le 1er octobre, au cours d'un banquet à Versailles, les officiers des gardes du corps foulèrent aux pieds la cocarde tricolore. Le peuple se mobilisa ; le 5 octobre, des milliers de femmes, rassemblées devant l'Hôtel de Ville pour réclamer du pain, décidèrent de se rendre à Versailles. À la fin de l'après-midi, la garde nationale, dont La Fayette dut prendre la tête, leur emboîta le pas. Le roi accepta les décrets de l'Assemblée.

Le 6 octobre, après une échauffourée, la foule pénétra dans le château : des gardes du corps furent tués. Les gardes nationaux rétablirent l'ordre, mais le roi, acclamé par une foule encore confiante, dut consentir à se rendre à Paris. L'Assemblée l'y rejoignit cinq jours plus tard. Une nouvelle tentative de Contre-Révolution venait d'être brisée : les députés pouvaient poursuivre leur œuvre de reconstruction.

3. Analyse du document

La gravure montre bien l'aspect disparate de cette foule du retour de Versailles. À la troupe des femmes se mêlent des hommes et des soldats de la garde nationale. L'impression de liesse populaire domine : les branches, arrachées aux arbres des jardins royaux, que l'on agite, en témoignent. Les armes, cependant, occupent une place importante : fourches, piques, haches et baïonnettes hérissent le cortège ; et si le canon du premier plan disparaît sous un groupe de passagers braillards, il n'en exprime pas moins la force et la détermination du peuple.

Les miches de pain fichées à la pointe des armes signifient que la manifestation est d'abord motivée par la crise économique : on pense que le roi, soustrait aux influences néfastes de Versailles, pourra pourvoir aux besoins essentiels. Les têtes des gardes du corps hissées en effigie rappellent dans le même temps la volonté politique des Parisiens.

(11) LA LIBERTÉ D'EXPRESSION

1. Présentation du document

À côté des agitations révolutionnaires, la vie continue dans Paris. Les œuvres d'art nous montrent aussi que l'époque marque les modes et la vie quotidienne. Les cafés sont des lieux où se fait l'opinion ; on y lit collectivement la presse nouvelle. Les familles politiques se répartissent dans des établissements différents.

Cette gravure, parue dans *le Moniteur*, illustre la liberté d'expression, qui s'est imposée au début de la Révolution, et l'intense activité politique, en dehors des grandes journées, dans la vie quotidienne.

2. Contexte historique

La presse connut un grand essor en 1789, mais elle fut vite limitée par les problèmes techniques : quoique simples feuilles de dimensions modestes, les journaux ne pouvaient être tirés à un grand nombre d'exemplaires. Il y eut pourtant un véritable foisonnement, qui contribua grandement à la politisation de l'opinion, à Paris d'abord, mais également en province. En effet, la plupart de ces journaux, dominés par une personnalité, commentaient les événements : l'information sur les faits s'effectuait de bouche à oreille ; la presse n'arrivait — par nécessité matérielle — que dans un second temps pour les éclairer. On cite souvent Marat, dans *l'Ami du peuple*, commentant la nuit du 4 Août avec un retard de plusieurs semaines. Rien de commun, donc, avec nos quotidiens dont la raison d'être est de représenter des faits le plus rapidement possible.

Certains journaux, comme *le Moniteur*, publiaient parfois des gravures encore plus décalées dans le temps par rapport aux événements :
— *les Révolutions de France et de Brabant*, de Camille Desmoulins, dont les illustrations se rapprochaient de la caricature ;
— *les Révolutions de Paris*, préféraient des gravures plus réalistes et plus voisines des faits ;
— *les Actes des Apôtres*, parmi les journaux défendant l'ordre ancien, présentaient de féroces caricatures antirévolutionnaires.

3. Analyse du document

Les consommateurs du café du Caveau représentent parfaitement la bourgeoisie révolutionnaire parisienne : les culottes, redingotes, chapeaux et cannes signent leur appartenance sociale. L'artiste insiste sur l'activité politique des clients : uniquement des hommes. À droite, au premier plan, un jeune vendeur de journaux présente les dernières nouvelles ; devant lui, trois personnes discutent avec ardeur ; à l'arrière-plan, à proximité du comptoir, assis autour d'une table ou debout, d'autres groupes se sont constitués auprès d'un lecteur présentant à haute voix les faits et commentaires du jour.

L'artiste a ainsi saisi, dans une même scène, la convivialité politique issue de la Révolution et permise par la liberté d'expression.

⑫ LA FÊTE DE LA FÉDÉRATION

1. Présentation du document

La fête de la Fédération, en cette année de répit que 1790 paraît être après les grands troubles de 1789, le point d'orgue de la Révolution. Les artistes ont abondamment représenté les fédérations qui, au printemps, rassemblèrent les masses à Grenoble, Dijon, Lyon, Lille, Strasbourg... Les préparatifs au Champ-de-Mars marquèrent également les chroniqueurs, les peintres et les graveurs : les frères Lesueur (doc. 33) ont laissé un tableau de cette foule fraternelle armée de pelles, de pioches, de brouettes, où se mêlent dans un même élan femmes et enfants, bourgeois en habit et gens du peuple en pantalon. On montre parfois le roi participant aux travaux.

La grande perspective de Le François, une des plus célèbres images du 14 juillet 1790, met l'accent sur l'ordre retrouvé.

2. Contexte historique

La fin de l'année 1789 et le début de 1790 furent pour l'Assemblée le temps de la reconstruction politique. Stimulée par les clubs, qui essaimèrent rapidement dans la France entière, et par la presse patriotique, elle devait résoudre rapidement deux problèmes essentiels et intimement liés : les questions financières et religieuses.

Face à l'impossibilité de se procurer les ressources nécessaires — l'impôt ne rentrant plus et les emprunts rendant peu — l'Assemblée décida, sur proposition de Talleyrand, évêque d'Autun, et après un vif débat, de mettre tous les biens ecclésiastiques à la disposition de la nation : des assignats remboursables en biens-fonds furent émis. Rapidement, ces billets se transformèrent en papier-monnaie. Les ventes des terres confisquées à l'Église, ajoutées à celles de la Couronne, commencèrent au mois de mars 1790.

La nationalisation des biens par l'Assemblée impliqua la réorganisation de l'Église : la Constitution civile du clergé, votée le 12 juillet 1790 ne séparait pas l'Église de l'État — ce que les constituants ne concevaient pas — mais faisait des évêques et des curés des élus appointés par la nation. Le pape condamna cette loi. L'Assemblée, en exigeant de tous les prêtres, le 27 novembre, un serment de fidélité à la nation, divisa l'Église et les Français ; elle donna ainsi des arguments et des troupes à la Contre-Révolution.

Dans ce contexte de crise en gestation, les diverses fédérations dans les villes de France et la grande manifestation du 14 juillet au Champ-de-Mars furent l'arme des patriotes pour rassembler le peuple autour de la Révolution. Mais, avec le recul, la réconciliation tentée était bien fragile, « car, en cette année 1790, la Contre-Révolution est partout ». (M. Vovelle.)

3. Analyse du document

Cette « Vue générale de la Fédération française prise à vol d'oiseau au-dessus de Chaillot » présente la fête dans toute son ampleur. Sur les quais, les fédérés, venus des départements, défilent en ordre ; la scène traversée, ils passent sous un arc de triomphe pour se ranger sur le Champ-de-Mars. Tout autour, dans l'immense amphithéâtre formé par les gradins, trois cent mille spectateurs ont pris place.

Au centre, on devine l'autel de la patrie, où Talleyrand célébra une messe solennelle entouré de trois cents prêtres ceints de l'écharpe tricolore. La Fayette prêta serment à la nation, à la loi, au roi, au nom des quatorze mille fédérés rassemblés. Le roi, enfin, jura fidélité à la Constitution.

La composition stricte de la gravure, la perspective précise imposent l'idée d'un ordre intangible, l'ordre retrouvé sous l'égide de la bourgeoisie armée de la garde nationale. Le plan d'ensemble, accroché à la trompette de la Renommée, planant au-dessus de la scène, renforce l'impression générale.

⑬ LE BAL DE LA BASTILLE

1. Présentation du document

Pour A. Soboul, à la fête de la Fédération, « le peuple assurément enthousiaste fut moins acteur que spectateur. » Pourtant, dans les jours qui suivirent, il fit éclater sa joie. Du 18 au 20 juillet, on dansa à la Bastille, mais aussi sur les Champs-Élysées. Swebach-Deffontaines, dans une version gravée par Lecœur, a traduit l'atmosphère de liesse populaire de ces journées. L'artiste, un des grands témoins de la Révolution, a participé, avec Prieur et Berthaud (doc. 18), aux *Tableaux historiques de la Révolution française*.

2. Analyse du document

Sous des voûtes de verdure s'élevant à l'emplacement de l'ancienne forteresse démolie, les danseurs s'égaient aux rythmes joués par un groupe de musiciens que l'on devine à gauche, au second plan, assis sur un reste de construction. Au premier plan, une dizaine d'hommes et de femmes, auxquels se sont joints des gardes nationaux, se réunissent dans une ronde. Les lampions, en guirlandes ou réunis en arbre, éclairent la nuit. Tous les éléments de nos fêtes contemporaines du 14 Juillet sont déjà présents.

⑭ LES ÉMIGRÉS

1. Présentation du document

L'émigration a donné lieu à une abondante iconographie. L'essentiel de la production, des gravures anonymes publiées ou non dans les journaux, est constitué par des caricatures. La haine de l'aristocrate, exprimée depuis les événements de 1789, la couardise ou le ridicule des fuyards, ont excité la verve des dessinateurs ; mais le bon goût ne fut pas toujours au rendez-vous de l'art ! Le thème de la lanterne poursuivant les émigrés a été abondamment utilisé.

2. Contexte historique

L'émigration a commencé dès 1789, surtout après la Grande Peur, la nuit du 4 Août et les journées d'Octobre. Le comte d'Artois, frère du roi, et le prince de Condé furent parmi les premiers à quitter la France. Le mouvement prit de l'ampleur en 1791 : le comte de Provence (le futur Louis XVIII) partit en juin. Parallèlement, l'agitation aristocratique se développa : le camp de Jalès, formé en août 1790, réunit vingt mille soldats royalistes ; en Vendée, on assistait aux premières tentatives de soulèvement.

En 1792, l'émigration devint plus dangereuse : en Rhénanie (Coblence, Mayence, Worms), à Londres, à Turin, des groupes importants s'étaient constitués et des armées, organisées. Les fuyards n'étaient plus seulement des aristocrates : de nombreux prêtres réfractaires avaient pris le chemin de l'exil. Au cours de l'été 1793, avec la dictature montagnarde, des bourgeois et des paysans les rejoignirent.

À l'intérieur, les lois étaient dans le même temps devenues beaucoup plus dures : celle du 28 mars 1793 bannissait à perpétuité les émigrés du territoire et les déclarait « morts civilement » ; leurs biens étaient confisqués.

À l'extérieur, si l'on exclut les princes et les grands seigneurs vivant de l'aide apportée par les puissances, la plupart de ces émigrés français, farouchement antirévolutionnaires, étaient fréquemment en butte à l'hostilité des populations. En outre, privés de leurs ressources, ils vivaient souvent misérablement, dans le mépris et l'abandon des plus grands.

3. Analyse du document

Le ton satirique de cette aquatinte n'enlève rien à son esthétique : dans l'obscurité nocturne qui écrase les distances, la profondeur est donnée par la disposition des personnages.

Le thème est classique : deux privilégiés fuient, poursuivis par la lanterne de la place de Grève qui, depuis le 14 juillet, sert aux exécutions révolutionnaires expéditives.
L'abbé, gras, au visage plein de haine, brandit un poignard, l'arme des traîtres ; près de lui un serpent — symbole biblique du mal — se dirige, dans l'ombre, vers le poursuivant. Le noble, coiffé d'un casque à cimier, a sorti son sabre du fourreau. Les fuyards sont talonnés par un paysan porteur d'une faux. Sans doute doit-on voir dans ce personnage l'image de la vengeance du peuple de Paris, représenté par la lanterne de la place de Grève, mais aussi celle de la détermination paysanne rappelée par l'arme de la Grande Peur.

⑮ LA CONSTITUTION CIVILE DU CLERGÉ

1. Présentation du document

Cette lettre d'institution canonique du 23 novembre 1792 présente, par un exemple, les formes légales, votées par l'Assemblée nationale, de l'organisation de l'Église de France.

Par cet acte, l'évêque du Lot-et-Garonne, élu, institue un citoyen, régulièrement désigné par l'assemblée électorale du district de Marmande, curé de la paroisse de Londres, petite commune du département.

2. Contexte historique

La Constitution civile du clergé fut votée le 12 juillet 1790 et reçut l'agrément du roi le 26 du même mois. Ce texte précise les modalités d'existence de l'Église (voir doc. 12). L'organisation ecclésiastique était naturellement incluse dans la réforme de l'administration : le catholicisme demeurait la seule religion d'État.

La loi créa un évêché par département ; les évêques seraient élus par l'assemblée électorale du département (celle qui désigne le conseil départemental), les curés, par celles des districts. L'institution canonique devait être donnée par les supérieurs ecclésiastiques, les métropolitains pour les évêques : le pape perdait tout pouvoir hiérarchique sur l'Église de France.

Le pape hésita longtemps, malgré l'avis de la majorité des évêques, à donner sa consécration canonique à la Constitution civile du clergé. Lasse d'attendre, l'Assemblée exigea, par la loi du 27 novembre 1790, un serment de fidélité « à la nation, à la loi, au roi ». Le 3 janvier 1791, elle exigea aussi de tous les fonctionnaires un serment à la Constitution civile du clergé. La grande majorité des évêques refusèrent ce coup de force ; la foule des curés se divisa en deux camps, entraînant leurs fidèles avec eux.

Pourtant, au cours de l'hiver, l'Assemblée avait eu le temps de mettre en place un nouveau clergé pour le substituer aux réfractaires ; des évêques furent élus, Talleyrand, évêque d'Autun, acceptant de leur donner l'investiture. Deux clergés s'affrontaient. Quand le pape, le 10 mars et le 13 avril, formula sa condamnation, la profonde division de la France, avec les graves conséquences qui s'ensuivirent, était consommée.

3. Analyse du document

L'en-tête de la lettre attire tout d'abord l'attention ; il a l'aspect d'un document administratif : mention de l'origine, « évêque constitutionnel », et du cadre territorial. Tout autour sont disposés des symboles ecclésiastiques : mitre, encensoir, croix à double traverse, à droite ; Saintes Écritures et crosse épiscopale, à gauche.

Dans le texte de la lettre, on peut relever et classer les termes afférents aux deux hiérarchies en présence.
— La hiérarchie administrative : évêque constitutionnellement élu ; élection du citoyen Pasquet, prêtre à la cure de Londres.
— La hiérarchie spirituelle : évêque désigné par la miséricorde divine et dans la communion du Saint-Siège ; institution du curé par l'évêque en fonction de ses mœurs et capacité.

⑯ LA FUITE À VARENNES

1. Présentation du document

Les différentes étapes du retour de la famille royale, du 21 au 25 juin 1791, ont été représentées par les artistes contemporains. Les événements de Varennes — le roi reconnu par le fils du maître de poste Drouet, son arrestation, les mouvements populaires et les longues palabres de la nuit — mais surtout le « convoi de la monarchie », avec le glacial accueil de Paris, ont abondamment inspiré les chroniqueurs, les dessinateurs et les graveurs. Prieur et Berthaut (doc. 18) ont donné leur version pour les *Tableaux historiques de la Révolution française* ; la présente gravure, anonyme et volontiers pédagogique, insiste sur le climat du retour.

2. Contexte historique

La formule célèbre « la nation, le roi, la loi » voulait résumer l'ensemble des travaux de l'Assemblée constituante. Chacun sait que, en dépit de la Déclaration solennelle des droits de l'homme, le 26 août 1789, la Constitution limitait la nation souveraine aux seuls citoyens actifs. La Contre-Révolution et les émigrés, les revendications politiques avec le développement des sociétés populaires et du Club des cordeliers, l'agitation sociale à Paris et dans les campagnes, montraient les limites de la politique de conciliation conduite par La Fayette. Dans ce contexte, la fuite de Louis XVI confirmait, avant même qu'elle fonctionnât légalement, l'échec de la monarchie constitutionnelle.

La fuite, malgré la thèse officielle de l'enlèvement, et donc de l'innocence du roi, accréditée par les maîtres de l'Assemblée, fut bel et bien délibérée. Louis XVI, n'ayant pas accepté la Révolution, employa toute son énergie à restaurer la monarchie absolue. Dans cette volonté, il décida, avec la complicité de celui-ci, de rejoindre l'armée de Bouillé à Montmédy. De là, passant aux Pays-Bas, où il trouverait l'armée autrichienne, il pourrait intimider l'Assemblée et les clubs, menaçant la Révolution d'un retour en force sur Paris...

Reconnu à Sainte-Menehould, le roi fut arrêté à Varennes. Trois représentants de la Constituante vinrent le rejoindre pour le ramener à Paris ; le retour s'effectua dans un climat de fraternisation entre les troupes initialement mobilisées pour protéger le convoi, les gardes nationaux accourus de tous les villages, et le peuple rassemblé sur le passage du « convoi de la monarchie ».

3. Analyse du document

La scène se situe lors de l'arrivée aux Tuileries de la berline royale. L'atmosphère de l'entrée dans la capitale est bien rendue : on imagine le silence de mort de cette foule de Parisiens demeurés coiffés. Sur les murs de la ville, des affiches avaient averti : « Quiconque applaudira le roi sera bâtonné ; quiconque l'insultera sera pendu. »

L'artiste a marqué soigneusement l'indifférence froide de la foule que l'on voit au premier plan : les visages fermés, les apartés hostiles en témoignent. Il a également insisté sur l'importance des rangs des soldats protégeant la famille royale d'éventuels débordements populaires, mais exprimant aussi l'isolement du roi : les regards ostensiblement détournés montrent bien qu'il ne s'agit pas d'une haie d'honneur.

Hébert, dans son journal *Le Père Duchesne*, exprima ainsi les sentiments les plus hostiles : « Toi mon roi ! Tu ne l'es plus, tu ne l'es plus. Tu n'es qu'un lâche déserteur ; un roi doit être le père du peuple et non pas son bourreau. »

⑰ LA FUSILLADE DU CHAMP-DE-MARS

1. Présentation du document

Les illustrations les plus célèbres rendant compte de cette journée du 17 juillet 1789 insistent sur l'action répressive de la garde nationale. Ce document reprend une gravure de Berthaut d'après Prieur. De la même manière, l'angle d'observation de la scène met en valeur l'autel de la patrie : après avoir été, le 14 juillet 1790, le lieu de la réconciliation nationale, il est devenu, sous le burin des graveurs, l'autel du sacrifice du peuple désarmé, manifestant seulement sa liberté d'expression.

2. Contexte historique

Malgré la défection royale, l'Assemblée n'entendit pas revenir sur son œuvre constitutionnelle. Elle suspendit provisoirement le roi, le temps que la thèse de l'enlèvement s'élaborât.

En France, la tension révolutionnaire augmentait : la crainte de l'invasion étrangère, qui semblait être la suite logique de la fuite manquée du roi, se développa. Cent mille volontaires issus de la garde nationale furent envoyés sur les postes frontières qui se mirent en état de défense. En province comme à Paris, les pétitions et les manifestations demandant l'instauration de la République se multiplièrent.

Le 17 juillet, une pétition signée, à l'initiative du Club des cordeliers, par six mille personnes, devait être symboliquement déposée sur l'autel de la patrie, au Champ-de-Mars. Deux individus cachés sous l'autel furent repérés et pendus. Craignant le développement des désordres, l'Assemblée décréta la loi martiale. Bailly, le maire de Paris, fit intervenir la garde nationale qui, sans sommation, tira dans la foule, faisant une cinquantaine de morts.

L'unité du mouvement populaire se trouva brisée ; le Club des jacobins se divisa, les conservateurs se réunissant au couvent des feuillants ; le Club des cordeliers fut fermé ; la répression affecta les sociétés populaires.

Le 13 septembre, le roi, convaincu qu'il n'y avait rien d'autre à faire, sanctionnait la Constitution.

3. Analyse du document

La vue en contre-plongée a permis au graveur de montrer plusieurs éléments de la scène et d'abord, à l'arrière-plan, le manifestant qui, juché sur l'autel, brandit les pétitions. Au premier plan, par contraste, l'artiste illustre le déploiement sans mesure de la force : à gauche, devant le drapeau rouge, des bataillons de réserve attendent ; à droite, la sauvagerie de la répression (fusillade, charge à cheval, charge à la baïonnette). Au deuxième plan courent en tous sens des manifestants désemparés, signifiant ainsi l'effet de surprise. L'escalier est déjà encombré de nombreuses victimes. À droite, un arbre de la liberté, décoré des drapeaux des bataillons de la garde nationale, émerge de la fumée produite par les coups de feu.

(18) LA JOURNÉE RÉVOLUTIONNAIRE DU 20 JUIN 1792

1. Présentation du document

La journée du 20 juin 1792 fut organisée par les sans-culottes des faubourgs afin d'obliger le roi à lever son veto aux décrets prévoyant la déportation des prêtres réfractaires et la levée de vingt mille fédérés pour protéger Paris d'éventuelles tentatives contre-révolutionnaires.

Cette gravure de Berthaut, d'après Prieur, a pris place dans les *Tableaux historiques de la Révolution française*. Elle montre le moment où les sans-culottes envahirent les Tuileries. D'autres, notamment celles que publia le journal *la Révolution de Paris*, représentent le moment où le roi, coiffé du bonnet rouge, boit à la santé de la nation.

2. Contexte historique

L'Assemblée législative issue de la Constitution se réunit le premier octobre 1791. Depuis la Déclaration de Pillnitz d'août 1791, par laquelle l'empereur d'Autriche et le roi de Prusse menaçaient d'intervenir contre la Révolution, le sentiment national s'était développé. À l'Assemblée, une majorité voulait la guerre, comme d'ailleurs la cour qui pratiquait la politique du pire, avec l'espoir d'une défaite qui rendrait possible le retour à l'ordre ancien. Le 20 avril 1792, seule une poignée de députés rejeta la proposition de Louis XVI de « déclarer la guerre au roi de Bohème et de Hongrie ».

La guerre contribua aussi au développement du sentiment national. Mais elle commença mal, car l'armée se trouvait totalement désorganisée par l'émigration de nombre de ses officiers ; en mai, après les premiers revers, les généraux refusèrent l'offensive en dépit des ordres reçus du ministère. Le roi et la cour, complaisants, attendaient la défaite et la Contre-Révolution.

L'Assemblée, durcissant son attitude, prit des mesures contre les prêtres réfractaires et décida de protéger Paris en appelant les fédérés de province. Louis XVI opposa son veto. À Paris, les sans-culottes armés réclamaient avec une insistance de plus en plus déterminée, la déchéance d'un roi dont les sympathies, de toute évidence, allaient aux troupes adverses. La journée du 20 juin ne le fit pas céder.

3. Analyse du document

Le peuple révolutionnaire a investi le palais des Tuileries, forcé les dernières grilles et s'engouffre dans les escaliers conduisant aux appartements royaux. Les sans-culottes sont armés de piques et coiffés du chapeau ou du bonnet phrygien.

Les hommes d'armes, tels le garde national du premier plan ou ceux que l'on devine à droite, n'interviennent pas ou sont tenus à distance. L'invasion du palais s'est effectuée sans effusion de sang. Le canon que l'on hale à l'intérieur montre la force populaire. Cette journée est la préfiguraion du 10 août suivant : la manifestation n'avait pas pour but de renverser la monarchie mais de faire céder le roi ; l'exaspération populaire n'était pas à son comble, et le roi espérait encore réussir une politique de double jeu.

⑲ LE 10 AOÛT 1792

1. Présentation du document

Cette gravure anonyme, d'origine anglaise, saisit sur le vif les mouvements de masse autour des Tuileries le matin du 10 août. Beaucoup d'illustrateurs de l'époque présentèrent l'assaut du palais, insistant sur la férocité des combats : Monnet et Helman (doc. 2, 8 et 37), Prieur et Berthaut (doc. 18), Bertaux, spécialiste des batailles de la Révolution. Cette composition privilégie la mobilisation populaire.

La journée du 10 août fut bien la « seconde révolution », résultant de la montée du patriotisme après la proclamation de la « Patrie en danger » le 11 juillet. L'attitude du roi depuis le début de la guerre conduisit les sans-culottes et les sections de Paris à exiger que l'Assemblée prononçât sa déchéance.

2. Contexte historique

La journée du 20 juin ayant échoué, l'Assemblée législative, devant le péril extérieur grandissant, autorisa, en dépit du veto royal, les gardes nationaux de province à se rendre à Paris ; officiellement, leur but était la Fédération du 14 juillet. La trahison du roi devenait de plus en plus évidente. Certains chefs politiques, tel le girondin Brissot, montrèrent le véritable enjeu de la guerre : « c'est à la Révolution, c'est à la Déclaration des droits, c'est à la souveraineté nationale que les tyrans déclarent la guerre. » Malgré la proclamation de la « Patrie en danger » et la mobilisation populaire qui fit affluer par milliers les combattants volontaires, les députés ne prirent aucune décision politique face au roi et à la cour, espérant toujours une conciliation.

Le manifeste signé par le duc de Brunswick, en fait rédigé, fort maladroitement, par un émigré, enflamma les révolutionnaires. Loin d'inquiéter Paris, promis à « une subversion totale » si la famille royale subissait « le moindre outrage », ce texte précipita les événements. Les pétitions des sections de Paris demandant la déchéance du roi affluèrent à l'Assemblée. Le faubourg Saint-Antoine avait donné le 9 août comme date limite. Dans la nuit qui suivit, le tocsin appela à la révolte ; les fédérés récemment arrivés, les Marseillais en tête, se rendirent aux Tuileries, bientôt rejoints par les sans-culottes des faubourgs. Dans le même temps, une commune insurrectionnelle remplaçait à l'Hôtel de Ville les autorités légales.

3. Analyse du document

À la manière d'une photographie de reportage, la gravure montre Paris au matin du 10 août. Au premier plan, sur le pont Neuf, à l'arrière plan sur le pont Royal, sur les quais de la Seine le long des Tuileries, ainsi que devant le Louvre, une foule armée et hétéroclite se dirige vers le lieu des combats. À huit heures, les Marseillais, premiers à s'introduire dans la cour du palais, s'affrontèrent aux gardes suisses ; le nuage de fumée indique que les combats ont commencé.

Le groupe du premier plan exprime, mieux qu'une scène de violence, la force populaire révolutionnaire : fédérés armés du fusil à baïonnette, sans-culottes pourvus d'une pique, femmes tenant des flambeaux ou des bannières, et même des enfants, dont deux, à droite, se tenant fraternellement, sont unis dans le même but.

⑳ À L'ASSEMBLÉE LÉGISLATIVE LE 10 AOÛT 1792

1. Présentation du document

Tous les épisodes qui suivirent la prise des Tuileries ont été représentés par les artistes, notamment la translation du roi déchu à la prison du Temple (Swebach-Deffontaines et Berthaut, dans les *Tableaux historiques de la Révolution française*). Gérard, brillant élève de David, a représenté le moment où le roi se plaça sous la protection de l'Assemblée législative.

2. Contexte historique

La famille royale n'avait pas attendu l'issue des combats, au matin du 10 août, pour se réfugier dans la salle du Manège, près du palais, où siégeait l'Assemblée. Le roi fut d'abord accueilli en monarque ; mais, quand la victoire des insurgés parut inéluctable, les députés prononcèrent sa suspension. Ils décidèrent aussi de convoquer une Convention élue au suffrage universel, afin de rédiger une nouvelle constitution.

La conséquence importante de la « seconde Révolution » fut l'échec politique de la bourgeoisie et de la noblesse libérale qui avaient cru, depuis 1789, pouvoir bâtir une France nouvelle en excluant de la nation souveraine, outre les femmes, près de la moitié de ses membres : les citoyens passifs. Les sections parisiennes avaient, dès le 31 juillet, imposé ces hommes au sein de la garde nationale : « Une classe particulière de citoyens n'a pas la faculté de s'arroger le droit exclusif de sauver la patrie. » Le 10 août, le peuple de Paris et, par l'intermédiaire de nombreux fédérés, celui de la province, entrèrent en force dans la Révolution.

Parmi les députés, il est facile de différencier ceux qui fraternisent avec les insurgés ou manifestent leur approbation en agitant leurs chapeaux (au centre, premier et second plans), de ceux que l'événement afflige (premier plan à droite). Dans le premier groupe, on peut voir les futurs montagnards de la Convention ; ceux qui semblent hésiter représentent sans doute les brissotins ou girondins qui, après avoir voulu la guerre, n'avaient pas oser se donner les moyens de la conduire. Dans le second groupe, on reconnaît les partisans de la monarchie, ceux qui se retrouvaient au Club des feuillants, dissident du Club des jacobins depuis la fusillade du Champ-de-Mars (doc. 17).

La famille royale, dans la loge du logographe (sténographe), fait face au peuple. Symboliquement, l'Assemblée semble s'interposer entre les deux. C'est bien là l'image des jours qui précédèrent l'insurrection. Louis XVI et Marie-Antoinette sont aisément reconnaissables. Remarquons que leur refuge a déjà l'aspect d'une prison.

3. Analyse du document

L'Assemblée siégeait durant l'insurrection. Elle ne fut cependant pas maîtresse des événements, dont elle subissait seulement le cours. Le dessin constitue une véritable synthèse de cette journée, l'auteur ayant mis en évidence les vainqueurs et les vaincus du 10 août.

Les insurgés ont envahi la salle du Manège ; ils ont pris place dans les tribunes où ils semblent manifester bruyamment ; une femme montre la loge où s'est réfugiée la famille royale. Les combattants, armés de fusils ou de piques, parmi lesquels on peut voir un enfant tenant un sabre, désignent, bras tendu, le monarque déchu. Le programme politique des acteurs du 10 août apparaît sur les pancartes et les bannières : affirmation du patriotisme et du thème des sans-culottes : « patrie, égalité, liberté ».

㉑ LA PATRIE EN DANGER

1. Présentation du document

Au cours de l'été 1792, le patriotisme s'est développé en France. L'appel de la nation face aux périls extérieurs fut un thème populaire que les artistes reprirent. Le don de soi pour défendre sa terre, mais aussi les idéaux de la Révolution, a inspiré de nombreux graveurs ou peintres comme Delarue ; il ne s'agit plus de célébrer un fait d'arme ou une date clé, mais d'illustrer les valeurs morales nouvelles inspirées par le sentiment national. L'œuvre d'art prend ainsi naturellement une forme édifiante et pédagogique.

2. Contexte historique

(Voir les documents 18 à 20.)

Le 5 août 1791, l'Assemblée constituante avait déclaré la « paix au monde ». Mais le travail de l'émigration, à l'extérieur, et les contradictions de la Révolution, à l'intérieur, conduisirent à la guerre.

Au sein de l'Assemblée législative s'opposaient les feuillants et les girondins. Ils se divisaient notamment sur les questions économiques : dans beaucoup de régions, au printemps 1792, poussés par la hausse du prix du blé et par le maintien des droits féodaux rachetables, les paysans se soulevaient. Cependant, les députés se rassemblaient contre les ennemis de la Révolution, aristocrates et prêtres réfractaires, qui, dans les provinces, fomentaient des révoltes. En outre, les émigrés menaçaient ouvertement l'Assemblée d'une intervention militaire.

Les girondins n'eurent pas trop de difficultés à conduire l'Assemblée à faire front contre ces menaces, car ils avaient l'appui de La Fayette ; peu à peu, la Révolution fut ainsi amenée à une guerre susceptible, en jouant sur le sentiment national, de rassembler les partisans des changements survenus depuis 1789 et de ranimer leur ardeur. L'Autriche devint le symbole des forces de l'Ancien Régime. Parmi les révolutionnaires, seul Robespierre, avec une grande lucidité, s'opposait à une guerre dont il entrevoyait l'issue : le péril que représenterait un général victorieux et ambitieux...

Les graves échecs militaires du printemps 1792 stimulèrent le patriotisme : le conflit entre un roi espérant tout de la défaite et une assemblée gênée dans ses actions par le veto royal, aboutit à une nouvelle poussée révolutionnaire.

Le 11 juillet 1792, l'Assemblée législative proclama la patrie en danger ; le principe du devoir national s'imposa (doc. 28).

3. Analyse du document

L'artiste a mis en scène un véritable drame où les personnages sont déchirés entre leurs attachements familiaux et leur devoir de citoyen, symbolisé par une affiche. Mais le patriotisme du soldat de la Révolution triomphe : il part au combat laissant derrière lui une famille éplorée.

Au fond de la pièce, le père, de son lit, implore le ciel : mourant, il ne reverra sans doute plus son fils. Près de la porte, la mère exprime toutes les souffrances de la maison. L'épouse s'est évanouie ; son plus jeune enfant gît au sol dans une position qui renforce l'impression de la fragilité maternelle. Tout exprime le besoin du chef de famille, jusqu'au chien qui veut suivre son maître. Seul un fils, retenant l'animal, semble avoir admis la raison supérieure qui pousse son père à partir.

De dos, pour ne pas voir, repoussant de la main ses propres sentiments et tout ce qui pourrait le retenir en ces lieux, le combattant de la Révolution, armé et équipé, va vers son devoir...

(22) LES MASSACRES DE SEPTEMBRE

1. Présentation du document

La pression liée aux défaites, conjuguée avec l'exaltation du patriotisme, conduisit à la première Terreur, dont les massacres de Septembre constituent l'apogée. Les sans-culottes, par l'insurrection du 10 août, ont supplanté le pouvoir englué dans ses contradictions : pour les théoriciens de la Révolution, le peuple souverain, devant les manquements de l'État, doit prendre l'initiative. En septembre, le peuple, après l'action politique du mois d'août, s'arrogea aussi le droit de se faire justice. Droit de juger et droit de vengeance n'étaient pas séparés.

Les journaux rendirent compte abondamment de cette première Terreur. Fidèles à leur méthode, les *Révolutions de Paris* accompagnèrent leur relation des faits de gravures, donnant plus d'authenticité au récit.

2. Contexte historique

La Commune avait rapidement pris l'initiative après le 10 août. Elle décida d'armer les citoyens et fit pour cela forger trente mille piques. L'Assemblée autorisa l'arrestation des suspects (mille environ furent emprisonnés) ; elle dut également accepter la création d'un tribunal extraordinaire afin de juger les crimes contre-révolutionnaires ; elle bannit enfin les prêtres réfractaires.

Ces mesures furent prises dans un climat de peur. Comme en juillet 1789, l'angoisse du complot aristocratique grandissait au rythme de la pénétration en France des troupes étrangères : le 2 septembre, Verdun, dernier rempart sur la route de Paris, était assiégé. Brunswick avançait rapidement et nul n'oubliait les termes de son manifeste (doc. 19). Par milliers, les volontaires s'apprêtaient à se mettre en route pour la défense de la patrie. Des chefs d'opinion, comme Marat dans *l'Ami du peuple*, leur déconseillaient de partir en oubliant derrière eux des ennemis de la Révolution : toujours la crainte de la trahison organisée.

Le 2 septembre, des prêtres réfractaires furent massacrés à la prison des Carmes, puis à l'abbaye Saint-Germain. À l'instigation de la Commune, on créa ensuite des tribunaux populaires. Ils donnèrent un caractère légal aux exécutions qui se produisirent les jours suivants. De Paris cette violence s'étendit à la province : l'Assemblée comme les autorités locales, paralysées, furent dans l'obligation de laisser faire.

La force du patriotisme, mais aussi le refus du retour à l'ancien ordre politique et social, expliquent les événements de Septembre : le péril extérieur était associé à l'obsession du complot intérieur. Il faudra la victoire de Valmy pour que s'éteigne cette première Terreur.

3. Analyse du document

Le document est accompagné d'une légende informative dont la forme neutre tempère la violence exprimée par la gravure. L'accent est mis sur les massacres eux-mêmes : le mode sommaire des exécutions témoigne de la vengeance révolutionnaire. Les exécuteurs de cette justice expéditive sont surtout des fédérés en uniforme ; un sans-culotte coiffé du bonnet phrygien leur prête main forte, armé d'un gourdin.

À droite au premier plan, les rescapés du tribunal improvisé quittent les lieux, effrayés et tête basse. À gauche et à droite, une garde d'hommes équipés de piques couvre l'opération punitive.

㉓ LA BATAILLE DE VALMY

1. Présentation du document

Le 20 septembre 1792 est devenu un repère clé de l'histoire de la Révolution. Cela est dû au fait lui-même : Valmy constitua le point ultime de l'avancée victorieuse des ennemis de la France, et la retraite des Prussiens conduits par le duc de Brunswick fut d'une importance capitale pour la suite. Mais ce jour devint un symbole popularisé par le mot que Goethe, un des acteurs du camp allemand, aurait prononcé ce jour-là : « De ce lieu et de ce jour date une nouvelle époque dans l'histoire du monde. »

L'événement, cependant, ne prit véritablement son ampleur que des années plus tard. Les tableaux illustrant la bataille ont été réalisés bien après les faits, surtout à partir de 1830 sous la monarchie de Juillet : en effet, le duc de Chartres, le futur roi des Français Louis-Philippe, participa à la défense du fameux moulin de Valmy.

La gravure de Joliot, une des plus anciennes illustrations de la bataille, date du Consulat. À l'automne 1792, les dessinateurs insistèrent sur la défaite prussienne, notamment par leurs caricatures : le danger écarté et la peur disparue, les artistes participaient à la démythification de la puissance ennemie.

2. Contexte historique

La révolution du 10 août avec ses conséquences avait conduit à une intense mobilisation populaire contre les ennemis de l'extérieur. Au début de septembre, la Commune organisa des réquisitions pour équiper les troupes nouvelles.

Chaque département avait dû fournir un certain nombre de combattants et, à l'enthousiasme souvent décrit des engagés parisiens répondit la tiédeur de certaines provinces. Les volontaires furent plus nombreux dans les régions de l'Est où la menace ennemie était plus perceptible, et dans les villes où les sociétés révolutionnaires encourageaient les engagements.

Ces troupes sans aucun équipement, à la tête desquelles étaient placés des chefs élus, ne connaissaient rien de l'art militaire et ne s'imposaient aucune discipline. On tenta de les amalgamer à l'armée régulière. Celle-ci s'en trouva fortement modifiée : le commandement, subalterne d'abord, se renouvela ; la force nouvelle du patriotisme constitua un lien au sein des bataillons déstructurés par l'émigration des officiers.

Valmy ne fut pas une véritable bataille : alors que Brunswick, après une savante manœuvre d'enveloppement, s'attendait à une débandade des troupes françaises, coupées de leurs arrières, les combattants de la Révolution résistèrent. La violente canonnade de l'armée prussienne, la plus forte d'Europe, ne les fit pas reculer. Le succès de la journée fut d'ordre psychologique.

3. Analyse du document

Tous les éléments qui donnèrent plus tard sa popularité à la bataille de Valmy sont présents sur la gravure. Au centre de la composition, le vieux général Kellermann, héros de cette journée, fait tournoyer son chapeau à la pointe du sabre ; son cri « vive la nation ! » fut repris de proche en proche par les cinquante mille combattants français. À gauche se dresse le moulin près duquel se déroula l'affrontement. Présent sur toutes les représentations de l'événement, il symbolise, par le lien qu'il implique avec le sol nourricier, la terre de France.

Remarquons que l'artiste, saisissant bien la signification de cette journée, n'a pas représenté les combats. Seule la fumée à l'arrière-plan et le blessé à gauche rappellent la bataille.

(24) L'EXÉCUTION DE LOUIS XVI

1. Présentation du document

L'exécution du roi le 21 janvier 1793 constitue une rupture fondamentale de la France avec l'Ancien Régime : en effet, un monarque sacré, de droit divin, a été condamné pour trahison comme un citoyen ordinaire, après un procès conduit par les représentants de la nation. La Convention, désormais réduite à aller de l'avant, se trouvait face à l'Europe réunie.

Le supplice du roi a été abondamment représenté, en France et dans les pays voisins. Les grands chroniqueurs de la Révolution, comme Monnet et Swebach-Deffontaines, ont illustré les instants qui suivirent l'exécution. Cette gravure anonyme, de toute évidence d'origine prorévolutionnaire, mais empreinte de gravité, conserve à l'événement toute son intensité dramatique.

2. Contexte historique

La Convention, élue au suffrage universel et réunie le 20 septembre 1792, se divisa rapidement. Unanimes le 21 septembre lorsqu'il s'agit d'abolir la royauté, les girondins et les montagnards n'avaient pas la même conception du pouvoir révolutionnaire. Les premiers se méfiaient du poids des sans-culottes et du peuple sur le gouvernement ; ils craignaient les mesures d'exception et la concentration des pouvoirs. Les seconds, en fonction d'une situation politique et militaire difficile, estimaient indispensable l'appui des sans-culottes. Le procès du roi accentua cette division.

Les girondins employèrent leur énergie à faire reculer le moment du jugement, sachant que tout procès conduirait, étant donné Contexte, à une condamnation à mort. La découverte de l'armoire de fer où Louis XVI rangeait ses documents secrets fit éclater, si l'on en doutait encore, la vérité sur sa trahison. Dès lors, il ne fut plus possible d'ajourner davantage la décision. Le procès devant la Convention s'ouvrit le 11 décembre ; il revêtit les formes légales : interrogatoire, défense... Les girondins, en vertu du fait que la Constitution de 1791 déclarait le roi inviolable, tentèrent d'imposer l'idée d'un appel aux suffrages de la nation. Mais la Montagne, surtout par les arguments de Robespierre — le peuple ne s'est-il pas prononcé le 10 août ? — s'imposa aux indécis ; chaque conventionnel, au cours d'un scrutin qui dura vingt-quatre heures, dut s'engager et se prononcer. 361 députés votèrent la mort (et 26 autres, avec réserve), 360 se déclarèrent contre.

3. Analyse du document

La gravure présente la mise en scène de l'exécution du roi, signifiant que la peine émane de la volonté inflexible de la nation.

Les nombreux rangs de la garde nationale isolent les lieux du supplice de la foule immense venue assister à l'exécution et dont on ne peut prévoir la réaction. Le roi, gravement, donne son ultime message ; un secrétaire le note tandis qu'à l'arrière les tambours semblent couvrir le son de sa voix. Loin de se refuser à la mort, il affronte dignement l'épreuve, le pied gauche posé sur la première marche de l'échafaud. L'artiste a visiblement représenté un roi grand devant le supplice : il meurt parce qu'il est roi et que sa vie est incompatible avec la marche de la Révolution, comme Robespierre l'a démontré devant la Convention. Un trop grand souci du détail vient gâcher l'ensemble de la composition. Derrière le roi, ciseau en main, le bourreau semble pressé d'accomplir sa besogne. Mais sans doute l'artiste n'a-t-il pas voulu associer l'exécuteur des hautes œuvres à la dignité de l'ensemble ? Notons également que la présence du peuple révolutionnaire est réduite au minimum ; seul un sans-culotte paraît, en partie dissimulé derrière le monarque.

㉕ LE PROCÈS DE MARIE-ANTOINETTE

1. Présentation du document

Le jugement de Marie-Antoinette le 16 octobre 1793 correspond au début de la Terreur légale organisée par la Convention et le Comité de salut public créé le 6 avril.

Ce document, que l'on présente souvent comme image du tribunal révolutionnaire en action, est tiré d'une série que Bouillon publia au début du Consulat afin d'exalter la grandeur et le courage de la famille royale.

2. Contexte historique

(Voir le document 27.)

Le tribunal révolutionnaire mis sur pied en mars 1793 devait juger « les attentats contre la liberté, l'égalité, l'unité, l'indivisibilité de la République, la sûreté intérieure et extérieure de l'État ». En fait, face aux menaces des sans-culottes, il constituait un des instruments par lesquels le pouvoir donna un caractère légal à la Terreur. Cela explique l'étendue de son champ d'action.

Pendant ses premiers mois d'existence, le tribunal révolutionnaire joua son rôle dans les formes : l'accusateur exposait le crime et les juges, après audition des témoins, prononçaient les peines selon les lois en vigueur ; des jurés décidaient de la culpabilité. Après les journées révolutionnaires des 4 et 5 septembre, la Convention dut, sous la pression des sans-culottes, renforcer les mesures de terreur. Réorganisé afin que les procédures fussent accélérées, le tribunal révolutionnaire vit son efficacité multipliée par quatre. S'ouvrit alors l'ère des grands procès politiques, notamment, en octobre, ceux de Marie-Antoinette et des girondins arrêtés le 2 juin.

Jusqu'aux lois de Prairial (10 juin 1794) qui inaugurèrent la période de la Grande Terreur, certaines des formes habituelles de la justice demeurèrent : interrogatoire préalable, défense... À partir de cette date, tout cela fut supprimé ; les jurés pouvaient condamner sur des preuves morales et leur choix se limitait seulement à l'acquittement ou à la peine de mort.

3. Analyse du document

L'artiste a insisté sur la parodie de justice que représente le tribunal révolutionnaire : à l'attitude des juges et des jurés, on comprend que la cause est entendue, tandis que l'accusée espère encore être écoutée du tribunal. En effet, Hébert, rédacteur du *Père Duchesne*, l'ayant accusée d'avoir débauché son fils à la prison du Temple, la reine répond ici au nom de la pudeur. Tout le contenu politique de l'événement disparaît derrière le pathétique de la scène.

Assis en avant des juges siège l'accusateur public Fouquier-Tinville qui, de mars 1793 à juillet 1794, envoya à l'échafaud 2743 personnes pour 5343 qui furent traduites devant le tribunal. Sur sa table sont posés les dossiers du procès. Les magistrats n'ont devant eux aucune pièce : peut-on imaginer que l'on juge la reine de France, à qui tant de choses sont reprochées ? Pour l'artiste, il s'agit sans doute de montrer que les faits sont ténus...

À l'arrière-plan, les jurés s'ennuient et les souffrances morales de l'accusée ne semblent pas les troubler : leur jugement est fait. Ils rejoignent dans leur désinvolture les gardes affectés à la surveillance.

㉖ LA GUERRE DE VENDÉE

1. Présentation du document

Pour illustrer la guerre civile de Vendée et la chouannerie, l'iconographie du dix-neuvième siècle s'impose. Sous la Restauration, l'art s'est emparé de ce thème : afin de flétrir la Révolution et, au-delà, atteindre l'idée républicaine, on représente les héros de l'Ouest, Cathelineau, Cadoudal, Charette, et les « blancs » luttant pour leur liberté et leurs « bons prêtres » ; pour des raisons inverses, d'autres artistes ont peint les héros des « bleus », Marceau, Hoche et surtout Joseph Bara, archétype du héros national. Les guerres civiles de l'Ouest restent aujourd'hui au cœur du vif débat Révolution/ Contre-Révolution.

L'extrait de « L'embuscade » de Charles Coëssin de la Fosse (1883) donne une image de cette armée faite de paysans souvent démunis. Dans l'historiographie républicaine, il s'agit de troupes d'ignorants fanatisés par les nobles et les prêtres. Au contraire, le camp adverse insiste sur la spontanéité de la révolte de ces populations rurales, attachées à la tradition et à la religion catholique.

2. Contexte historique

Le grand mouvement patriotique de la fin de l'été 1792 avait porté aux armées des dizaines de milliers de volontaires. Cependant, après les victoires de l'automne (Valmy, Jemmapes), ces soldats de circonstance rentrèrent dans leurs familles : l'armée perdit deux cent mille hommes à un moment où la première coalition rassemblait l'Europe monarchique contre la France. La Convention décréta alors, le 23 février 1793, la levée en masse de trois cent mille hommes. Chaque commune devait fournir un contingent de soldats, volontaires ou tirés au sort. Pour les paysans, c'était le retour à la milice, à laquelle, depuis Louis XIV, chaque paroisse était astreinte. Beaucoup de départements résistèrent, en Alsace, dans le Nord, dans le Sud-Ouest... Dans l'Ouest, le refus prit rapidement une forme organisée : des groupes armés s'opposèrent à la force publique. Dès la fin du mois de mars 1793, la répression était venue à bout de ces soulèvements, sauf au sud de la Loire où l'armée catholique et royale s'organisa autour de chefs originaires de la petite noblesse (d'Elbée, La Rochejaquelein, Charette) ou roturiers (Cathelineau, Stofflet).

Parmi les causes du soulèvement vendéen, il faut inscrire la Constitution civile du clergé (12 juillet 1790), qui contribua à briser l'unanimité révolutionnaire du Tiers État. Dans l'Ouest, la majorité des prêtres étaient d'ailleurs d'origine rurale : l'Église, outre sa fonction religieuse à laquelle les populations étaient très attachées, constituait une possibilité d'ascension sociale dans le monde paysan. Ce conflit du monde rural avec la Révolution venait recouvrir — comme le montrent des recherches récentes — un vieil antagonisme entre les villes, où les premiers changements apportés favorisaient la bourgeoisie, et les campagnes où vivaient la masse des pauvres soumis aux crises frumentaires, exclus des impôts et du droit de vote, et dont la survie était parfois liée aux organes caritatifs de l'Église. Ainsi le clergé réfractaire joua-t-il le rôle de catalyseur en soudant l'ensemble du monde paysan contre la Révolution.

En octobre 1793, les Vendéens furent défaits à la bataille de Cholet ; les « blancs » traversèrent la Loire et passèrent en Bretagne où leurs armées furent anéanties par le général Marceau. L'hiver 1793-1794, la répression en masse commença ; ce fut l'époque des noyades de Nantes, organisées sous l'autorité du représentant en mission Carrier, et des « colonnes infernales » du général Turreau. Cette violence aveugle aboutit en fait à ranimer la guerre civile. La guerre changea totalement de caractère : des bandes de Chouans insaisissables se constituèrent.

3. Analyse du document

Tous les combats, les batailles et leur sauvagerie ont été abondamment illustrés au dix-neuvième siècle. Ce document caractérise la guérilla qui constitua l'essentiel des affrontements de 1793 à 1796 : une petite troupe de paysans aux aguets attend l'heure de l'embuscade dans un chemin creux du bocage.

L'artiste insiste sur le fait que ces combattants étaient d'abord des paysans qui, le soir même, retrouvaient leurs fermes : vite regroupés pour un bref engagement, maîtres du terrain, ils étaient insaisissables. Ils sont représentés avec leur vêtement traditionnel, pantalon, veste et chapeau à large bord, souvent pieds nus. Leurs armes sont variées : fusils munis parfois de baïonnettes, sabres, pistolets ou même faux. Le mobile religieux de la résistance paysanne apparaît clairement : un homme au premier plan égrenne un chapelet.

Ce caractère d'armée mobile, formée de combattants attachés à leur terre, constitua aussi la faiblesse des Vendéens : pas d'unité et rivalité des commandements; présence, près des combattants, des femmes et des enfants, surtout au moment des grands déplacements de l'automne 1793.

27 UN COMITÉ RÉVOLUTIONNAIRE

1. Présentation du document

Les comités révolutionnaires, créés officiellement le 21 mars 1793, ont été les « chevilles ouvrières de la Terreur ». Certains étaient nés spontanément de la volonté des sans-culottes après le 10 août. Ils devaient veiller dans chaque commune à l'exécution des mesures révolutionnaires. Parfois, cependant, ils s'arrogèrent des prérogatives bien plus larges, devenant alors de véritables chambres d'inquisition. C'est ce visage que montre la gravure, réalisée d'après un dessin d'Évariste Fragonard, fils du grand peintre. Publiée en 1798, alors que l'artiste n'avait que dix-sept ans, elle appartient à la série des *Tableaux historiques de la Révolution française* (doc. 13 et 18).

2. Contexte historique

Les vingt mille comités révolutionnaires, ou comités de surveillance, installés par la Convention dans tout le pays, étaient chargés de surveiller les étrangers, de dresser la liste des suspects et de les arrêter; ils délivraient également les certificats de civisme. Ils étaient composés de douze membres élus et rémunérés; peu à peu, d'épuration en épuration, il s'agissait exclusivement de sans-culottes. Ces comités furent supprimés après le 9 Thermidor et la fin de la dictature jacobine. Ces appareils locaux constituent les pièces essentielles de l'organisation de la Terreur « mise à l'ordre du jour » par la Convention, le 5 septembre 1793.

Au niveau le plus élevé de l'État, le Comité de sûreté générale tenait en main la police révolutionnaire ; constitué de douze députés, il demeura stable dans sa composition pendant toute la période de la Terreur. Ce comité était divisé en quatre sections, chacune surveillant une portion du territoire; un réseau d'observateurs et d'agents noyautait les institutions et les armées.

Le centre du gouvernement révolutionnaire demeurait cependant la Convention. Le Comité de salut public, prolongement exécutif de l'Assemblée, « le bras qu'elle fait agir », contrôlait l'ensemble du dispositif gouvernemental révolutionnaire. Le décret du 14 Frimaire an II (4 décembre 1793) renforçait son autorité : toutes les décisions importantes, si elles étaient ratifiées par l'Assemblée, émanaient du Comité. Pour accélérer l'exécution des décrets et afin de s'assurer d'une application efficace, se généralisa également la pratique de l'envoi de députés sur le terrain, les représentants en mission.

La terrible loi des suspects, votée le 17 septembre 1793, permettait de frapper légalement tous les ennemis, réels ou supposés, de la Révolution : tous ceux à qui un certificat de civisme avait été refusé étaient concernés; de même, les parents d'émigrés ou tous ceux qui avaient pu se montrer, par telle ou telle action, « partisans de la tyrannie ou du fédéralisme ». Les comités révolutionnaires avaient pour mission d'en dresser la liste.

3. Analyse du document

On trouve dans cette représentation de l'« intérieur d'un comité révolutionnaire sous la Terreur » tous les éléments de la caricature contre les sans-culottes. Tout est mis en œuvre par l'auteur pour signifier le triomphe de l'imposture. Une famille dont la présentation indique l'honorabilité est face à un groupe au laisser-aller total : les uns fument ou boivent ; d'autres, debout ou juchés sur la table, semblent proférer des accusations tandis que personne ne paraît s'intéresser vraiment à la pièce produite par le prévenu.

Tous les sans-culottes de la scène sont habillés du pantalon et de la carmagnole ; ils portent le bonnet phrygien à cocarde tricolore. Certains sont armés d'une pique. L'artiste a rassemblé les symboles de l'époque de la Terreur. Un chien, comme sur l'aquarelle de Béricourt (doc. 32), vient renforcer l'impression générale de désinvolture face à la situation angoissante de ceux qui comparaissent devant le comité.

(28) L'HÉROÏSME DES VOLONTAIRES

1. Présentation du document

La guerre commencée en avril 1792 apparut comme une croisade révolutionnaire. Ainsi beaucoup d'artistes et de journaux consacrent-ils une grande importance aux faits d'armes, à la gloire des généraux, mais également à l'héroïsme quotidien des soldats de la liberté. Quand il s'agit d'enfants, les tableaux deviennent plus édifiants encore : le sacrifice de Joseph Bara (doc. 31) incarne l'idéal du don de soi pour la nation. Dans beaucoup de départements, le thème du jeune garçon patriote fut opposé à l'égoïsme ou à la tiédeur des populations.

2. Contexte historique

Pendant les deux premières années de la guerre, le courant des volontaires, bien qu'insuffisant après la constitution de la première coalition en février 1793, ne s'est jamais tari. En Lot-et-Garonne, le premier bataillon, que présente le dessin, s'est constitué à Agen dès le mois de juin 1792 : fort de huit cents hommes, on le retrouve au complet à l'armée de Sambre-et-Meuse en novembre de l'année suivante. Un autre, regroupé quelques jours plus tard, est présent à la même date en Palatinat...

Des volontaires se présentèrent également nombreux pour résister aux ennemis de l'intérieur : toujours dans le même département, deux bataillons de huit à neuf cents hommes chacun partirent pour la Vendée en avril 1793. À Clermont-Ferrand, des centaines de journaliers se regroupèrent pour marcher contre Lyon révoltée...

Il faut cependant souligner que les volontaires, inconstants et au flux irrégulier, ne purent suffire aux besoins de l'été 1793. Beaucoup d'entre eux, engagés de 1792, ne songeaient qu'à rejoindre leurs foyers. À l'automne, l'armée des Pyrénées, par exemple, avait perdu la moitié de ses effectifs. Dans les régions menacées de l'Est de la France on retrouva pourtant l'élan qui avait précédé la bataille de Valmy (doc. 23) : à Wissembourg sur la frontière, au Nord de l'Alsace et à Sedan, des milliers de jeunes hommes se présentèrent pour combattre. Mais l'héroïsme spontané ne suffisait plus à la défense nationale : depuis le printemps, le gouvernement révolutionnaire imposait la levée en masse au pays.

3. Analyse du document

Ce beau dessin de Labrousse situe la guerre dans le quotidien anonyme : on est loin ici des fresques relatant les grandes batailles et la gloire des chefs de l'armée révolutionnaire.

Les soldats de l'an II, dont la volonté a souvent été exaltée, ne furent pas toujours les héros que l'on a décrit. Il arriva que des troupes inexpérimentées, provenant des « levées », se débandassent au premier feu. Mais la propagande révolutionnaire fit son œuvre : on présenta des actes individuels comme exemple de générosité patriotique et de dévouement à la nation. Ainsi se développa la haine de l'ennemi, tyran de l'étranger ou comploteur de l'intérieur, dont il fallait venger des barbaries le plus souvent imaginaires. Finalement, le patriotisme unit plus ces hommes que leurs sentiments révolutionnaires.

Le document montre bien cette ardeur à vaincre : plus que sur la difficulté des affrontements, l'auteur insiste sur la dureté des conditions de vie des soldats. L'inconfort n'affecte en rien leur désir de combattre. Le jeune tambour désarmé n'a que mépris pour ses souffrances ; seul compte le dessein supérieur : « vaincre l'ennemi ».

Thomas Joux a été un de ces nombreux enfants qui furent acceptés parmi les volontaires. Leur grandeur d'âme ne se hissa pas toujours jusqu'au symbole comme celle de J. Bara ou de J.-A. Viala ; les archives locales conservent cependant la trace de l'exploitation révolutionnaire de leur courage et de l'exemplarité de leur dévouement.

(29) LA LEVÉE EN MASSE

1. Présentation du document

Comparée aux documents 28 et 30 qui offrent une vision idéalisée de l'engagement national dans la guerre révolutionnaire, cette affiche rappelle les véritables difficultés de la levée en masse consécutive aux décrets du 24 février et du 23 août 1793.

Émanant du directoire du département de Lot-et-Garonne, elle montre la réalité du terrain et les mesures spécifiques qui durent être prises pour répondre aux besoins des armées.

2. Contexte historique

La première levée de 300 000 hommes, en février 1793, avait donné lieu à des abus, chaque commune devant procéder à un tirage au sort pour fournir son contingent. Il y eut des enthousiasmes, mais aussi beaucoup de réticences. En Vendée, l'application de cette mesure cristallisa le mécontentement et la rébellion s'organisa dès le début de mars.

Les difficultés économiques, notamment la hausse des prix, ajoutées aux défaites militaires du printemps — avec la trahison du général Dumouriez — causa la chute des girondins qui n'avaient pas su conduire le redressement : l'insurrection des sans-culottes, le 2 juin, contraignit la Convention à voter l'arrestation des principaux députés de ce groupe.

Les montagnards seuls au pouvoir, les difficultés s'aggravèrent. Le fédéralisme et la Contre-Révolution s'ajoutèrent à la pression militaire extérieure, dans un contexte d'hémorragie de combattants : les volontaires de 1792, en grand nombre, rentraient chez eux. Le levée en masse et la terreur légale constituèrent la riposte du gouvernement révolutionnaire. Le décret du 23 Août plaçait en « réquisition permanente tous les Français de 18 à 60 ans ». Cette mesure, devant laquelle Robespierre demeura longtemps réticent, fut imposée par les sans-culottes. En vertu de cette décision, les célibataires ou les veufs sans enfants de moins de 25 ans furent immédiatement requis ; vint ensuite la levée des 25-35 ans dont témoigne le document.

Cette mesure s'accompagnait d'une volonté de mobilisation totale des énergies dans le pays : chacun, hommes mariés à la fabrication des armes, femmes dans les hôpitaux ou à la confection des tentes, enfants à la préparation de la charpie... se vit assigner un rôle. Cette vision idéaliste de la défense de la patrie se heurta aux résistances locales.

3. Analyse du document

Cette affiche, un arrêté du directoire du département du Lot-et-Garonne, met l'accent sur les difficultés de la levée en masse. À la fin du mois de septembre 1793, les « Représentants du peuple » envoyés dans les provinces par la Convention, organisèrent la réquisition de tous « les jeunes gens, ou veufs sans enfans, non artisans, non attachés à l'agriculture, agés de 25 à 35 ans ».

Le directoire du département, considérant que l'exécution des ordres était peu enthousiaste, prit un arrêté coercitif. Tous les hommes concernés par la réquisition devaient obtempérer : il n'y eut aucun tirage au sort comme au mois de février. On note cependant une volonté de ne pas désorganiser les productions agricoles et artisanales. Cependant, le terme « attaché à » demeure vague et permet toutes les fuites. Les considérants insistent sur la « lenteur préjudiciable à la chose publique », le « zèle » insuffisant de ces citoyens caractérisés par « l'indifférence » et concluent à la « désertion ». Le terme d'insoumission conviendrait mieux ; elle était en effet importante et couverte par la population. Les motifs agricoles ne manquaient pas, de même que les raisons sentimentales. Le poids des familles dans les décisions des requis apparaît bien, dans un tout autre contexte, sur le document 21. La loi des suspects s'appliquait dans ce cas de désobéissance ; l'article III de l'arrêté menace également les parents des insoumis. Il semble malgré tout que les dénonciations ne furent pas nombreuses. Le sentiment national, exalté par les autorités ou les exemples édifiants (doc. 28), n'existait pas toujours.

(30) LA RÉQUISITION

1. Présentation du document

Pour que la République assiégée de l'été 1793 puisse résister, il fallait qu'elle mobilisât sa force militaire mais également toute la puissance de son économie. Le monopole national des productions fut établi avec la loi du Maximum ; il devait permettre l'approvisionnement des armées et des provinces dans la nécessité. P.A. Wille, peintre de l'Ancien Régime engagé dans la Révolution — il fut officier dans la garde nationale — inscrit la réquisition dans un climat de parfaite générosité révolutionnaire.

2. Contexte historique

Après le vote de la loi du Maximum général des prix et des salaires le 19 septembre 1793, une commission des subsistances fut établie le 22 octobre. Elle devait veiller à l'exécution des décrets de la Convention, au besoin à l'aide de la force publique. Pénétrée de l'esprit physiocratique, elle voulait également stimuler la production agricole en développant les idées nouvelles. Des ensemencements pour l'exemple furent réalisés à Paris (jardins du Luxembourg), des marais asséchés, des défrichements réalisés. Afin de connaître les besoins des différentes régions, les premiers recensements furent organisés ; mais les résultats demeurèrent très approximatifs, entachant d'erreur les appréciations sur les capacités des régions.

L'essentiel était cependant de nourrir les armées et Paris. Jusqu'en janvier 1794, les réquisitions, effectuées de manière anarchique, mirent en difficulté certains districts : quand le nombre des soldats augmentait dans un secteur, des déséquilibres pouvaient apparaître, engendrant des oppositions locales. On créa ensuite des aires d'approvisionnement pour les différentes armées ; mais au total les ponctions furent variables selon les régions.

Malgré le Maximum, il existait un marché parallèle organisé par les accapareurs qui, dans cette période de terreur, et malgré la pression des sans-culottes, bénéficiaient d'une relative indulgence : les crimes d'ordre économique n'étaient pas, en eux-mêmes, passibles de la peine de mort. Il faut dire que le Maximum ne faisait pas l'unanimité parmi les conventionnels ; en outre, il était mal organisé, ne tenant pas compte, avant la laborieuse organisation d'un « tableau général des prix » en février 1794, des marges des commerçants et des frais d'acheminement des biens.

Ainsi, les réquisitions continuèrent ; les représentants en mission achetaient même au-dessus du cours légal et payaient en numéraire les fournitures destinées aux armées. ..

3. Analyse du document

Deux représentants en mission, en costume officiel, se procurent du fourrage pour la cavalerie. L'un d'eux, en avant de la scène, présente l'ordre de réquisition ; derrière lui, le second donne l'accolade à un homme. L'idée de participer ainsi à la défense de la République semble ne soulever qu'enthousiasme dans le groupe des paysans... Pourtant, l'état des bâtiments à l'arrière-plan n'indique aucune opulence : l'atmosphère de relatif dénuement renforce l'idée d'un sacrifice consenti librement et dans la ferveur.

À l'arrière, un groupe de paysans travaille durement ; deux d'entre eux se joignent par le geste à la fraternisation qui rassemble les personnages au premier plan. Le climat d'ensemble du tableau en est renforcé, et la scène prend une valeur d'exemple du comportement civique idéal.

(31) LA MORT DE JOSEPH BARA

1. Présentation du document

Le sacrifice de Joseph Bara (ou Barra), mort à 13 ans au cours de la guerre de Vendée, s'inscrivit immédiatement au martyrologe de la Révolution. Soldat de l'armée républicaine, il fut pris par les « blancs » qui voulurent le forcer à crier : « Vive le Roi ! ». Ayant répondu « Vive la République », il mourut percé de coups.

La tradition a fait de J. Bara un hussard que les gravures, comme celles de Debucourt, présentent souvent en uniforme. En fait, J. Bara était tambour comme d'autres enfants engagés dans l'armée républicaine (doc. 28). Il est peu vraisemblable que, dans l'état de dénuement où se trouvaient les soldats de l'an II, il ait pu revêtir un uniforme quand beaucoup d'hommes allaient pieds nus.

Martyr de la liberté, Joseph Bara fut l'objet d'un véritable culte. Le souvenir de son héroïsme survivant à la Révolution, il est devenu un des héros de l'histoire offert en exemple aux enfants des écoles de la IIIe République.
Debucourt, peintre et graveur, artiste officiel à la cour de Louis XVI, sut traverser tous les régimes de la Révolution. Au début, il exécuta des portraits officiels (La Fayette) ; il prépara plus tard un projet de calendrier républicain, puis réalisa des allégories révolutionnaires et des tableaux édifiants, comme cette gravure « dédiée aux jeunes Français ».

2. Contexte historique

Le culte des martyrs de la liberté se développa dans un contexte de déchristianisation (doc. 32). Dans les églises désaffectées, le culte de la Raison remplaçait la religion catholique. Pour le Comité de salut public, c'était le moyen de « ramener à la raison, cette multitude livrée à l'erreur ». Le patriotisme, le civisme, la vertu devaient supplanter dans les cœurs le dogme chrétien : des fêtes exaltaient ces valeurs. Des processions civiques, prolongement du culte nouveau, s'organisaient sous les emblèmes de la Révolution. La pompe républicaine, avec ses chœurs et ses cortèges hiérarchisés, reproduisait la magnificence des cérémonies catholiques.

La déchristianisation s'accompagna du culte populaire des martyrs. Spontanément, Marat était devenu, dès son assassinat, l'objet d'une véritable dévotion. Dans les lieux publics, dans les sections parisiennes, on inaugura des bustes à son effigie. Le Pelletier de Saint-Fargeau, député de la Convention assassiné la veille de l'exécution de Louis XVI par un garde du corps royal, bénéficiait également d'une grande vénération. Avec Marat et Chalier, exécuté par les contre-révolutionnaires lyonnais, il constituait la triade des héros de la Révolution.

Les enfants martyrs, Joseph Bara, mais aussi Joseph Viala — lui aussi tué à 13 ans lors des combats contre les fédéralistes méridionaux — s'ajoutèrent, de la volonté même du Comité de salut public, à la triade héroïque. Une grande fête avait été prévue en leur honneur le 9 thermidor an II...

3. Analyse du document

Debucourt a mis d'abord en scène le sacrifice du jeune J. Bara : les personnages s'effacent derrière l'allégorie de l'héroïsme.

J. Bara, en costume de hussard parfaitement ordonné, le bonnet à la main et les yeux tournés vers le ciel, semble livrer son corps à ses ennemis tandis que sa volonté, libre, demeure totalement inaccessible à la violence.

Les « blancs », dans l'ombre, tandis que le martyr apparaît en pleine lumière, n'existent que par leurs armes. Les piques, baïonnettes, fourches, faux, haches,... représentent une force sans rapport avec la résistance que peut incarner le jeune hussard. Mais c'est la Révolution et l'héroïsme que les assaillants voudraient anéantir.

(32) LA DÉCHRISTIANISATION

1. Présentation du document

D'octobre 1793 au printemps 1794, la déchristianisation, imposée de l'extérieur de la Convention par certains représentants en mission, comme Fouché à Nevers ou par la Commune de Paris, aboutit à la fermeture des églises et au développement du culte des martyrs de la liberté.

Les mascarades antireligieuses constituent l'aspect populaire du mouvement. L'aquarelliste Béricourt a représenté plusieurs de ces défilés iconoclastes au cours desquels étaient ridiculisés les prêtres et leurs fidèles. L'artiste, mort à vingt-trois ans en 1800, a peint de nombreuses scènes révolutionnaires : plantations d'arbres de la Liberté, scènes de vie aux armées, les fusillades de Nantes, la prise de Lyon...

2. Contexte historique

Après le 10 août 1792, le clergé constitutionnel s'éloigna de la Révolution ; l'exécution du roi ne fit qu'accélérer cette tendance. À l'été 1793, il se trouva naturellement du côté des girondins, que les montagnards pourchassaient, ainsi que dans le camp des provinces soulevées contre la Convention.

Dans le même temps, les nécessités de la guerre obligèrent à rechercher partout les métaux nécessaires aux industries d'armement : les cloches commencèrent à être descendues des clochers.

Le 5 octobre 1793, la Convention adopta le calendrier révolutionnaire ; cette mesure profondément antichrétienne n'affectait pas directement le culte. C'est sous la pression des sans-culottes que le mouvement s'intensifia et que des communes abandonnèrent la religion catholique. Le 16 brumaire (6 novembre 1793), la Convention décréta que les municipalités pouvaient renoncer au culte catholique. La commune de Paris fit alors fermer les églises. Comme Notre-Dame le 20 brumaire, nombre d'entre elles furent transformées en temples de la Raison.

Le culte des martyrs de la Liberté remplaça la vénération des saints : processions civiques, effigies de Marat dans les églises...

À la Convention, Robespierre était opposé à ces développements extrêmes par crainte des conséquences politiques : l'excès antireligieux pouvait conduire ceux qui n'avaient pas pris parti à se tourner vers la Contre-Révolution. Il s'affirmait pour la liberté des cultes et dénonçait aussi bien l'athéisme qui persécute, que le fanatisme religieux.

3. Analyse du document

Ce défilé carnavalesque organisé par les sans-culottes excelle dans l'irrespect et la dérision. En tête de la procession, une hache tient lieu de croix ; sur la bannière, un personnage, son bâton à l'épaule, est accompagné d'un chien. Le Christ et les symboles qui le représentent sont assimilés à des personnages et à des objets ordinaires, seul demeure le ridicule des fidèles. À l'arrière, tous ostensiblement coiffés, les participants brandissent, pour mieux les flétrir, les objets du culte : une croix et un chandelier négligemment portés à l'épaule. Sous le dais orné du drapeau tricolore, un pseudo-évêque, coiffé de la mitre, fume la pipe. Au premier plan, un personnage ivre a revêtu une chasuble et profane un calice. Un chien aboie pour mieux illustrer le chahut et la cacophonie.

(33) LA FÊTE DE L'ÊTRE SUPRÊME

1. Présentation du document

La fête de l'Être suprême le 8 juin 1794 (20 prairial an II) est, avec la fête de la Fédération, la plus grande célébration de la Révolution. Elle émane de la volonté de Robespierre qui, après les excès de la déchristianisation, impose le principe de l'immortalité de l'âme comme fondement de la vertu en politique. « L'idée de l'Être suprême est un rappel continuel à la justice : elle est donc sociale et républicaine. »

Comme les plus grandes manifestations, telle la fête de l'Unité et de l'Indivisibilité, le 10 août 1793, la fête du 20 prairial fut organisée par David. Le tableau de Demachy présente une vue d'ensemble du Champ de Mars, point d'aboutissement de la cérémonie commencée aux Tuileries. C'est d'ailleurs le moment qui a été le plus abondamment illustré.

2. Contexte historique

Le 14 juillet 1790 avait été marqué de la première grande cérémonie de la Révolution. Depuis, les cultes révolutionnaires s'étaient développés : avec la déchristianisation de l'automne 1793, le culte de la Raison avait envahi les églises ; on tenta de mettre en place le culte décadaire (tous les décadis du calendrier révolutionnaire). Le 20 prairial an II est donc une sorte d'apothéose au cours de laquelle les montagnards et Robespierre, après les désordres liés à la déchristianisation, affirmèrent le nouvel ordre révolutionnaire. Il parut à certains observateurs que l'ère des troubles s'achevait... Pourtant de nombreux constitutionnels et sans-culottes refusaient le décret du 18 Prairial affirmant que « le peuple français reconnaît l'existence de l'Être suprême et l'immortalité de l'âme ». À la Convention, Robespierre, nouveau pontife, s'était constitué de solides inimitiés.

3. Analyse du document

Le tableau de Demachy présente le moment de la cérémonie où le char de l'Agriculture, portant des produits du sol, des outils aratoires et une statue de la Liberté, venant des Tuileries, arrive au pied de la montagne spécialement élevée sur le Champ de Mars.

Au sommet de la montagne a été dressé l'arbre de la Liberté. Une colonne porte la statue d'un hercule populaire tenant à la main la Liberté et l'Égalité.

Selon l'organisation de détail, les moindres mouvements de la cérémonie ont été prévus : sur la plate-forme au sommet de la colonne, on distingue les deux trompettes qui donnèrent le signal du chant de l'Être suprême, entonné, dans l'ordre, par les deux mille quatre cents représentants des quarante-huit sections parisiennes.

Sur les degrés de la montagne ont pris place les membres de la Convention, des vieillards et des adolescents. Tout autour, des hommes et des femmes se sont disposés. Enfin, au premier plan se tient le public, dont David avait prévu jusqu'aux moments d'émotion intense.

(34) LA VICTOIRE DE FLEURUS

1. Présentation du document

Face aux périls de l'été 1793 : fédéralisme, Vendée (doc. 26), invasion par les troupes de la première coalition, la finalité du gouvernement révolutionnaire était la victoire. La mobilisation humaine et matérielle, commencée dès la prise du pouvoir par la Montagne, en juin, et accentuée par la Terreur, conduisit rapidement au redressement. À la fin de l'automne, le fédéralisme était écrasé, les armées vendéennes démantelées. À l'extérieur, les succès furent plus lents mais effectifs dès 1793. La victoire de Fleurus le 26 juin 1794 devint le symbole du relèvement définitif et constituait l'aboutissement de la Terreur. Mais, en même temps, les succès militaires renforçaient la « nausée de l'échafaud » et portaient en eux la chute du gouvernement révolutionnaire.

Cette gravure anonyme, comme celle des artistes les plus célèbres de l'époque, ne célèbre pas les héros du jour (Jourdan, Saint-Just, Kléber), mais la bataille elle-même, insistant sur la technique militaire.

2. Contexte historique

La première coalition (février 1793) résulta de l'exécution du roi qui dressa contre la France toute l'Europe monarchique, mais également de la politique de conquête et de domination conduite depuis Valmy. Partie d'une volonté de libérer les peuples, la Convention en vint à l'idée de frontières naturelles. « Les limites de la France sont marquées par la nature, nous les atteindrons des quatre coins de l'horizon », s'écria Danton devant l'Assemblée le 31 janvier 1793.

Présente en Belgique depuis la victoire de Jemmapes le 5 novembre 1792, la République vit naturellement l'Angleterre, qui percevait toutes les menaces pour son économie d'une installation française en mer du Nord, se dresser face à elle. Mais ce fut la France qui durcit les hostilités.

Au printemps 1793, les revers se précipitèrent malgré les premières mesures, comme la levée de trois cent mille hommes en février : la défaite de Neerwinden le 18 mars conduisit à la perte de la Belgique et entraîna la trahison de Dumouriez. En quelques semaines, toutes les frontières de la République furent forcées tandis que Danton, au Comité de salut public, s'efforçait de négocier.

La chute des girondins, incapables d'organiser la résistance, provoqua un changement radical de politique. Le Comité de salut public, au sein duquel Carnot avait pris place, rassembla toutes les énergies pour la victoire : mobilisation des hommes (doc. 29), doublée de la Terreur aux armées avec ; l'épuration des états-majors et la mise en place de nouveaux cadres : Jourdan, Pichegru, Hoche ; la pratique de l'amalgame ; mobilisation matérielle avec l'association aux efforts de savants comme Monge et Berthollet, pour récolter le salpêtre et organiser la fabrication des poudres. Ainsi le Comité abandonnait-il toute politique de négociation pour ne penser qu'à la guerre.

Les premières victoires, à l'intérieur comme à l'extérieur, furent le résultat de cette action. Dès le début de l'automne, Dunkerque, puis Maubeuge, furent libérées (victoire de Wattignies le 16 octobre 1793). À la fin de l'année, les ennemis avaient partout reculé. Mais ce ne fut qu'au printemps suivant que, sur tous les fronts, se dessina la victoire. Après Fleurus, la Belgique était à nouveau conquise ; les Anglo-Hollandais furent repoussés au nord et les Autrichiens, à l'est. Le 9 thermidor, tandis qu'à Paris Robespierre et Saint-Just étaient renversés, Pichegru entrait dans Anvers et Jourdan prenait Liège.

3. Analyse du document

Fleurus fait partie des batailles qui, à la différence de Valmy, furent glorifiées par la Révolution. Le sacrifice du *Vengeur* (1er juin 1794), lors des combats navals d'Ouessant, fut également popularisé.

La gravure met l'accent sur l'ampleur de la bataille. Au premier plan, l'artiste montre l'âpreté des combats ; les soldats des deux camps se distinguent aisément. Mais c'est l'arrière-plan qui donne une idée précise de l'affrontement : en effet, 180 000 hommes se déployaient sur une quinzaine de kilomètres d'ouest en est.

Toutes les images de Fleurus ont représenté le fameux ballon captif, l'*Entreprenant*, qui, dix heures durant, renseigna l'état-major sur le déroulement de la bataille. Depuis la nacelle, le baron de la Selle de Beauchamp lançait des notes concernant les positions et le mouvement des troupes. Pour la première fois, un aérostat était utilisé à des fins militaires.

(35) L'ÉLIMINATION D'HÉBERT

1. Présentation du document

Cette gravure montre le triomphe du pouvoir dominé par Robespierre sur la faction révolutionnaire des « exagérés » dont Hébert, rédacteur du *Père Duchesne*, était le porte-parole et l'un des chefs de file. Les hébertistes jouèrent un rôle fondamental dans la déchristianisation et furent d'ardents partisans d'une terreur qu'ils trouvaient trop modérée.

Duplessi-Bertaux, dessinateur engagé dans la Révolution, était membre du Club des cordeliers. Après le 10 août 1792, il succéda à Prieur (doc. 18) pour la réalisation des « tableaux historiques de la Révolution française ». Berthaud continua la gravure de la série.

2. Contexte historique

La Montagne se divisa dès l'automne 1793. L'affaire de la liquidation de la Compagnie des Indes, dans laquelle Fabre d'Églantine, ami de Danton, était compromis, et la menace d'une « conspiration de l'étranger » dénoncée à la Convention par le même Fabre d'Églantine, avaient cristallisé la lutte entre les factions montagnardes. Pour les modérés (les « indulgents »), des réfugiés en France voulaient, par leurs comportements extrémistes — notamment leur ardeur à déchristianiser — conduire la Révolution à sa perte. Anacharsis Cloots, « l'orateur du genre humain », Prussien d'origine, membre du Club des jacobins et député à la Convention, était le modèle de ces réfugiés. Pour Robespierre, ces « lâches émissaires des tyrans » représentaient un réel danger.

Dans ces circonstances, Danton lança la contre-attaque des indulgents contre les ultras, partisans d'une terreur renforcée, mais aussi contre le gouvernement révolutionnaire et le Comité de salut public. Camille Desmoulins, dans le *Vieux Cordelier*, exprimait les arguments les plus forts. Mais, quand la responsabilité de Fabre d'Églantine, dans l'affaire de la Compagnie des Indes, s'établit officiellement le 19 décembre 1793, la rhétorique des indulgents fut affaiblie.

Robespierre entreprit alors d'exprimer la théorie du gouvernement révolutionnaire, qu'il justifia en distinguant les temps de la lutte nécessaire pour fonder la République, et les temps où une constitution permet de la conserver.

Les exagérés, s'appuyant sur les graves difficultés économiques de l'hiver et sur la haine des sans-culottes contre les « accapareurs », profitèrent de l'affaiblissement de leurs adversaires politiques. Ils exigeaient que l'on aggravât la Terreur et entraînèrent le Club des cordeliers dans leur combat. Ils voulaient, notamment, que l'on épurât la Convention des éléments qui s'étaient signalés comme réticents ou modérés. Quand, au mois de février 1794, la disette se précisa, l'agitation populaire grandit ; la pression politique s'accrut tellement que le gouvernement, qui jusque-là tendait à une attitude neutre entre les deux factions, se résolut aux décrets de Ventôse (26 février) : le séquestre des biens des suspects fut décidé dans le but d'« indemniser les malheureux avec les biens des ennemis de la Révolution ».

Pourtant la Terreur continua. Hébert et le *Père Duchesne* se déchaînaient contre les « endormeurs » : Robespierre et ses amis du Comité du salut public. Les cordeliers projetaient une insurrection populaire tandis que les jacobins demeuraient fidèles au pouvoir.

Dans la nuit du 13 au 14 mars, le Comité passant à l'action fit arrêter les dirigeants du groupe des cordeliers, avec d'autres sans-culottes et quelques-uns de ces étrangers suspectés de complot (A. Cloots). Tous furent exécutés le 24 mars 1794.

Les indulgents pensèrent que le moment était venu de reprendre l'offensive contre la Terreur ; mais, à cette date, Fabre d'Églantine était l'objet d'accusations. Robespierre finit par se laisser convaincre, malgré son ancienne amitié pour Danton, d'agir contre ces opposants modérés. Arrêtés, ils furent exécutés le 5 avril.

Cette liquidation, à droite et à gauche, laissa les sans-culottes totalement désorientés.

3. Analyse du document

Il semble au premier regard que l'auteur a voulu relater l'événement à la manière d'un reportage moderne, en saisissant la scène sur le vif. Il montre une rue de Paris avec ses activités habituelles, ses promeneurs et ses badauds, troublée par le passage de la charrette du supplice escortée de la Garde. Certains personnages désignent le cortège du doigt, d'autres semblent ne pas le remarquer. Le dessinateur a-t-il voulu insister sur la banalité de la scène ? sur l'abandon dont sont l'objet les suppliciés ?

En revanche, lorsqu'il choisit d'illustrer le passage de la charrette devant le Club des jacobins, l'auteur met l'accent sur l'élimination, par Robespierre (le plus prestigieux d'entre eux), des exagérés affiliés aux cordeliers. La gravure prend donc une signification politique.

Dans la charrette, outre Hébert, il y avait Gobel, l'évêque constitutionnel de Paris qui abdiqua, lors de la déchristianisation, Anacharsis Cloots, Ronsin, général de l'armée révolutionnaire, et Chaumette, procureur général de la Commune.

(36) LE IX THERMIDOR

1. Présentation du document

Cette gravure de Helman d'après un dessin de Monnet (doc. 2) situe correctement la scène de la capture de Robespierre par les troupes fidèles à la Convention, dans la nuit du 9 au 10 thermidor. Les sections de Paris fidèles à « l'Incorruptible » n'ayant pas reçu l'ordre de résister, l'action se déroula sans combat. Cette œuvre appartient, comme les documents 2 et8, à la *Collection des principales journées de la Révolution*.

2. Contexte historique

Après la liquidation des factions révolutionnaires en mars-avril 1794 (germinal), l'inquiétude se développa à la Convention comme dans l'ensemble du pays. On vivait dans la crainte d'un complot, intérieur ou extérieur, contre la Révolution : des attentats partout en France alimentaient la peur. Le régime, qui , ne souffrait pourtant d'aucune opposition réelle à l'Assemblée, se sentait menacé aussi bien par les partisans des modérés que par ceux d'Hébert. Ainsi peut s'expliquer la Grande Terreur qui précéda Thermidor. Certains historiens affirment aussi qu'elle fut également la conséquence de l'application des décrets de Ventôse.

Les prisons françaises s'étaient, dans ce climat, remplies de suspects, vrais ou faux coupables, que le Comité de sûreté générale et le Comité de salut public voulaient trier dans un souci d'efficacité. Des milliers de dossiers d'accusés furent transférés à Paris ainsi que certains prisonniers, tandis que le pouvoir de quelques tribunaux provinciaux se renforça.

La crainte d'incarcérer des étrangers conduisit à la décision du 7 prairial (26 mai) interdisant de faire des prisonniers anglais ou hanovriens. Un attentat contre Collot d'Herbois et une menace contre Robespierre accrurent la peur d'un complot aristocratique ; le Comité de salut public fit alors voter la loi du 22 Prairial (10 juin) dont le but était d'anéantir les contre-révolutionnaires. La défense devant le tribunal révolutionnaire était supprimée et le verdict simplifié, la sentence des jurés se limitant désormais à l'acquittement ou à la peine de mort. Ce fut l'époque des « fournées » qui conduisirent en un mois et demi à Paris, 1736 personnes à l'échafaud.

Après la liquidation des factions en avril, Saint-Just avait constaté : « La Révolution est glacée ». Les sans-culottes avaient en effet du mal à suivre le gouvernement révolutionnaire dans son action. En outre, avec les victoires (Fleurus, le 26 juin) la peur du complot diminua, et les accusations de dictature de Robespierre et de ses amis au Comité de salut public s'exprimaient avec plus d'ampleur. Depuis le 4 juin, Robespierre était président de la Convention ; le 8 juin,la fête de l'Être suprême (doc. 33) avait manifesté sa toute puissance. Plus grave, dans tout le pays s'installait le désordre : les autorités révolutionnaires locales, et les sociétés populaires, sans cesse épurées, ne pouvaient s'opposer à la montée des oppositions, notamment contre la loi du Maximum des prix et des salaires, et à la déchristianisation. La Contre-Révolution répandait, comme en juillet 1789, les bruits les plus alarmants.

À Paris, les inimitiés personnelles et la division des deux comités avaient affaibli le gouvernement tandis qu'à la Convention, autour de représentants en mission comme Carrié, Fouché, Barras ou Tallien — anciens responsables de la Terreur qui se sentaient menacés pour leurs actions en province — l'opposition se constituait. Robespierre découragé ne paraissait plus guère au Comité de salut public ou à la Convention. Quand, le 26 juillet, il voulut, devant la représentation nationale, justifier sa politique, il commit l'erreur de ne pas clairement désigner les ennemis dont il parlait ; beaucoup se sentirent visés et dans la nuit un complot se noua. Le lendemain, il lui fut impossible de s'expliquer et l'Assemblée vota à l'unanimité sa mise en accusation.

La commune de Paris entra en insurrection ; seize sections sur quarante-huit envoyèrent des détachements place de Grève. Robespierre et ses amis, délivrés, se réfugièrent à l'Hôtel de Ville, mais les forces insurrectionnelles, laissées sans instruction, laissèrent à la Convention le temps de réagir et de rallier à elle les sections modérées. Décrétés hors la loi, les insurgés peu à peu abandonnèrent la lutte. Dans la nuit, Barras et les troupes qu'il avait rassemblées s'emparèrent de l'Hôtel de Ville.

Le lendemain, Robespierre, Saint-Just et Couthon étaient guillotinés sans jugement.

3. Analyse du document

Il était deux heures du matin quand Barras arriva sur la place de Grève désertée par les insurgés : on le voit au premier plan à gauche, en costume de conventionnel, donnant des ordres. Les assaillants pénétrèrent dans l'Hôtel de Ville sans rencontrer la moindre résistance. Robespierre fut blessé à la mâchoire par un garde ; son frère cadet Augustin, pensant à un suicide, se jeta d'une des fenêtres éclairées du premier étage (cinquième fenêtre à partir de la droite).

㊲ LES MODÉRÉS SORTENT DE PRISON

1. Présentation du document

La liquidation de la Terreur succéda au 9 Thermidor. Depuis la chute du gouvernement révolutionnaire, des attroupements s'étaient constitués autour des prisons, réclamant l'élargissement des personnes incarcérées en vertu de la loi des Suspects. Les premières libérations eurent lieu en août 1794.

2. Contexte historique

Rapidement la Convention démantela le système politique centralisé de l'An II. Le gouvernement fut réorganisé en seize comités. Le Comité de salut public, épuré, fut réduit aux questions militaires et à la guerre ; le Comité de sûreté générale conserva la police. Le tribunal révolutionnaire, réorganisé, devait désormais faire la preuve des intentions contre-révolutionnaires de ceux qui comparaissaient devant lui ; la loi du 22 Prairial fut suspendue (doc. 36). Le nombre des comités de surveillance fut réduit : douze seulement subsistèrent à Paris et un par district en province. Leur pouvoir diminua et les sans-culottes s'y trouvèrent moins nombreux.

Une campagne antijacobine se développa. Les modérés sortis de prison incitaient à la revanche. Fréron, qui écrivait dans *l'Orateur du Peuple*, et Tallien animaient ces actions contre les « buveurs de sang ». La réaction fut d'abord le fait des muscadins, la jeunesse dorée. Pendant les premiers mois de la Convention thermidorienne, ils firent alliance avec les néo-hébertistes sans-culottes qui réclamaient la liberté absolue de la presse et l'application de la Constitution de 1793.

En province, la situation se présentait différemment selon les régions. Parfois la Terreur continua quelque temps après Thermidor. Dans les grandes villes cependant, surtout celles où l'on avait particulièrement souffert de la politique du gouvernement révolutionnaire (Lyon et Marseille), les manifestations de vengeance se multipliaient.

À l'automne 1794, la réaction redoubla : le procès de Carrier, l'ancien responsable de la Terreur à Nantes, auquel la Convention avait fini par se résoudre, favorisa l'offensive contre les jacobins, assimilés globalement à la Terreur. La droite de l'Assemblée réussit à obtenir la fermeture du fameux club de la rue Saint-Honoré, ainsi que des sociétés populaires de province. Des sections de Paris ne vint aucun soutien ; au contraire, les jacobins perdirent rapidement le pouvoir dans celles qu'ils contrôlaient encore. Les hébertistes et Babeuf, qui incarnaient le mouvement populaire, se rendirent compte trop tard que l'offensive contre les jacobins conduisait au triomphe des modérés, et préparait leur propre élimination (doc. 38).

À la Convention, la réaction se manifesta par la réintégration des soixante-quinze députés protestataires exclus après la journée du 2 juin 1793. En mars 1795, les survivants girondins, décrétés hors-la-loi, furent également rétablis dans leurs fonctions de députés.

Durant l'hiver, les muscadins manifestèrent des intentions franchement contre-révolutionnaires qui inquiétaient les modérés, antijacobins, mais fortement attachés à la république. La jeunesse dorée conduisait la « guerre des symboles », détruisant les bustes de Marat, et obtenant la « dépanthéonisation » de l'Ami du Peuple le 8 février 1795, cinq mois après que la Convention thermidorienne elle-même eut décidé le transfert de ses restes au Panthéon. L'Assemblée, peu à peu, allait dans le sens de ces nouveaux enragés : le 2 mars, elle décida la mise en jugement de Barère, Collot d'Herbois et Billaud-Varenne, anciens artisans de la Terreur, mais éléments essentiels de la chute de Robespierre.

3. Analyse du document

Le tableau se situe à la sortie même du lieu de réclusion : la prison, les ouvertures protégées de barreaux constitue l'arrière-plan de la scène. Dans un style réaliste, différents sentiments s'expriment dans la foule. À droite, des familles divisées se retrouvent. Au centre, un prisonnier élargi exprime toutes les souffrances d'une injuste détention. À gauche, un homme, poings serrés, manifeste sa colère et un désir de vengeance en direction de deux personnages (peut-être des jacobins ?) qui s'éloignent du cadre de la scène. À l'arrière-plan, sur les escaliers, un individu aux grands bras étendus, dans une harangue spontanée, s'adresse à un groupe improvisé. Toutes ces émotions sont rendues avec simplicité : l'auteur s'adresse sans détour à un public populaire. La présence des femmes et des enfants, les effusions renforcent le caractère pathétique du tableau.

㊳ PREMIER PRAIRIAL AN III. LA DERNIÈRE JOURNÉE POPULAIRE

1. Présentation du document

Le 20 mai 1795, la république modérée que les thermidoriens s'efforçaient de construire sembla menacée. Les sans-culottes armés tentèrent d'imposer à la Convention des mesures économiques que la gravité de la crise imposait. Ils échouèrent. Cette date marque la fin virtuelle de la Révolution : le mouvement populaire parisien, brisé par la répression qui suivit, ne se reconstitua pas.

Monnet, dans cette gravure de Helman (voir doc. 2, 8 et 38), a rassemblé les deux aspects qui frappèrent les artistes contemporains de l'événement : l'importance de la foule et la violence révolutionnaires.

2. Contexte historique

Dans le contexte de la réaction modérée frappant les jacobins se produisit une crise de subsistance. Durant l'hiver 1794-1795, la nourriture manqua et l'on mourut de faim dans certaines provinces. À Paris, le pain, la viande et le charbon manquaient, et les prix s'envolèrent. L'agitation clandestine se développa et, malgré l'arrestation de Babeuf qui appelait à une « insurrection pacifique », elle continua, entretenue par une campagne d'affiches.

Dans le même temps, le débat politique divisait Paris. Les sections de l'Est de la capitale et les faubourgs réclamaient des mesures contre la cherté ainsi que l'application de la Constitution de l'an II. Celles du Centre et de l'Ouest, où la crise était moins dure, voulaient au contraire que la lutte antijacobine s'amplifiât, et que l'on châtiât sévèrement Barère et ses amis récemment arrêtés (doc. 37).

Le 1er avril 1795 (12 germinal), l'insurrection éclata : la Convention fut envahie ; mais, encerclés par des bataillons de la garde nationale fidèle au pouvoir, les manifestants échouèrent. La répression suivit. L'Assemblée décida le désarmement des « hommes connus dans leur section comme ayant participé aux horreurs commises sous la tyrannie ». Ce geste constituait un véritable outrage à l'encontre des artisans du système révolutionnaire de l'an II. En effet, le droit à être armé s'était imposé, depuis 1789, comme le complément indispensable de la liberté individuelle et de l'égalité. Cette loi était une exclusion civique comme, sous la Terreur, la loi des Suspects.

Cependant, les émeutes de la faim continuèrent : en mai (floréal), la famine, avec son cortège de pillages et de violence, touchait tout le pays. Le 1er prairial, une nouvelle insurrection se déclencha. Des bandes de femmes et d'ouvriers envahirent la Convention mais furent repoussées. Dans l'après-midi, forte de bataillons armés, l'émeute submergea l'Assemblée. Sous la menace, le président de séance fit continuer les débats. Pendant ce temps, les comités du gouvernement, que l'insurrection n'avait pas songé à neutraliser, organisaient la contre-attaque avec le concours des gardes nationaux de l'Ouest. Dans la nuit, les insurgés refluèrent.

Le lendemain, le faubourg Saint-Antoine fit une nouvelle tentative ; des promesses arrêtèrent sa marche sur la Convention. Dans les jours suivants, une sévère répression s'organisa. Sous la menace de 20 000 hommes, le faubourg fut désarmé ; trente-six condamnations à mort furent prononcées (les assassins du conventionnel Féraud, ainsi que des députés qui avaient montré quelque complaisance avec l'insurrection). Dans tout le pays, une épuration effrénée suivit : rien qu'à Paris, 1 200 personnes furent arrêtées. La loi du 16 Juin (28 Prairial), confiant les armes à des « mains pures », excluait pratiquement les sans-culottes de la garde nationale. Tout cela se déroulait dans Contexte de la Terreur blanche qui ensanglantait le Midi de la France.

3. Analyse du document

L'angle d'observation choisi par Monnet permet de présenter l'ensemble de la Convention, tout en conservant une vue précise de la scène où se déroule l'action principale.

À l'arrière-plan, des centaines de personnes ont occupé les tribunes de l'Assemblée. De même, les bancs des députés ont été envahis. Au premier plan, on distingue plus nettement les hommes armés dont certains sont en uniforme de la Garde nationale. L'artiste a également insisté sur la présence des femmes pour rappeler que le soulèvement est une émeute de la faim. L'un des insurgés présente au président Boissy d'Anglas la tête de Féraud, massacré lors de l'assaut.

(39) LES DIFFICULTÉS MONÉTAIRES DE LA CONVENTION

1. Présentation du document

Les assignats ont été créés le 19 décembre 1789. Ce sont au départ de simples bons dont la valeur était fondée sur les biens du clergé récemment nationalisés. En août 1790, l' Assemblée constituante les transforma en papier-monnaie : l'inflation commença alors. Fin 1791, l'assignat ne représentait plus que 80 % de sa valeur nominale. À l'été 1793, au moment des plus grands périls pour la Révolution, il tomba à 40 % ; il se maintint à ce niveau pendant la Terreur. Il s'effondra après Thermidor.

Les frères Lesueur sont les illustrateurs les plus célèbres de l'époque révolutionnaire. Leurs gouaches, réalisées peut-être en collaboration avec leur père, illustrent de très nombreuses scènes de la vie quotidienne. Leur observation du monde qui les entoure ne s'arrête pas aux grands événements de la Révolution ; ils surent avec beaucoup de réalisme rendre l'enthousiasme populaire, lors de l'afflux des volontaires de 1792, avant Valmy, comme ils saisirent la misère des Parisiens au printemps 1795.

Ce tableau se situe au temps de la Convention thermidorienne, quand l'abandon des contraintes économiques imposées par la Terreur engendra la spéculation et l'inflation.

2. Contexte historique

La Convention thermidorienne prit, dans le domaine économique, des décisions imposées par le libéralisme : le 24 décembre 1794, le « Maximum » fut aboli. L'indice du coût de la vie, qui était de 2 180 en juillet, passa à 5 340 en novembre (base 100 en 1790) ; le décalage entre prix et salaires s'accrut. À l'été 1795, il fallut en revenir aux réquisitions et aux obligations de vendre sur les marchés.

Quand s'installa le Directoire en octobre, l'assignat de 100 livres en valait en réalité seulement 15 sous (1 livre 20 sous). Bientôt le coût du papier de ces billets excéda la valeur réelle de la monnaie. Il fallut se résoudre à les supprimer le 30 pluviôse an IV (19 février 1796). On les remplaça par un nouveau papier-monnaie, les mandats territoriaux ; ils furent gagés sur les biens nationaux non encore vendus. Échangés contre les assignats, à un pour trente, ils eurent cours forcé. Dès leur émission, ils n'étaient acceptés que pour 30 % de leur valeur... La ruine de ce nouveau papier-monnaie accompagna la dilapidation des derniers biens nationaux : pour leur acquisition, les mandats territoriaux étaient acceptés à leur valeur nominale ! Cela dura jusqu'au 17 juillet 1796, tant que fut maintenu le cours forcé des billets.

Les graves difficultés monétaires du Directoire furent atténuées par les importants apports de monnaie métallique consécutifs aux victoires militaires. Les impôts ne rentraient plus et l'emprunt forcé de décembre 1795, payable en métal, en grain ou en assignats, avait surtout rapporté du papier dévalué.

Cette situation financière eut de graves conséquences sociales. Les fonctionnaires payés en papier-monnaie, les rentiers et les classes populaires furent les premières victimes de l'inflation. Au cours de l'hiver 1795-1796, il était difficile de se procurer des denrées sur des marchés peu alimentés. En outre, les récoltes de l'été précédent avaient été mauvaises. La misère était grande à Paris, et contrastait avec les fortunes réalisées par les spéculateurs (agioteurs). Au club du Panthéon, réunissant l'opposition jacobine, on discutait de la taxation : le pouvoir le ferma le 26 février 1796 (7 ventôse).

C'est dans ce contexte que s'exprima la pensée de Babeuf : réclamant, pour les campagnes, « la communauté des biens et des travaux », il rompait avec l'idéologie jacobine attachée au concept de petite propriété individuelle. Dans l'hiver 1795-1796, au plus profond des difficultés économiques et sociales, naquit la « Conspiration des Égaux », véritable complot contre le régime et destinée à établir la dictature directe des révolutionnaires. Babeuf, arrêté dès le 10 mai 1796, fut jugé et exécuté l'année suivante.

3. Analyse du document

La gouache des frères Lesueur présente le commerce des assignats comme une activité banale. Un paysan aisé échange des billets contre des espèces métalliques sous l'œil tolérant de l'autorité, représentée par un garde national. La présence d'un paravent, manifestant une faible tentative de dissimulation, rappelle que l'opération, malgré l'abandon des contraintes de la Terreur, demeure entachée d'immoralité, voire d'illégalité.

Pour renforcer l'idée de la complète dépréciation de l'assignat, les artistes montrent un personnage encombré de ces billets de faible valeur : il en offre par poignées ; d'autres dépassent de ses poches... Le cambiste, avec lunettes, est très attentif à l'opération qu'il effectue.

À Paris, ce trafic de numéraire s'effectuait dans le quartier du Palais-Royal et de la rue Quincampoix.

(40) LE DÉBARQUEMENT DE QUIBERON LE 21 JUILLET 1795

1. Présentation du document

En Vendée, après l'échec de l'armée catholique et royale (doc. 26), l'insurrection se reconstitua autour de chefs comme Charette ou Stofflet : ce fut une des conséquences de la répression conduite par Carrier et Turreau.
Au nord de la Loire (Morbihan), des bandes de chouans, mêlées de déserteurs de l'armée républicaine et même de brigands, s'étaient organisées. Un ancien député aux États généraux, Puisage, songea à une action de plus grande envergure. Rassemblant des combattants bretons, il projeta d'organiser un débarquement d'émigrés ; en août 1794, il partit à Londres afin d'obtenir l'appui de William Pitt.

2. Contexte historique

Avant même la chute de Robespierre, la République avait pris des mesures d'apaisement envers l'Ouest révolté : Carrier avait été rappelé et les « colonnes infernales » de Turreau, dissoutes. En septembre 1794, promettant l'amnistie aux rebelles bretons, la Convention acceptait de négocier avec les chefs de l'insurrection. Les succès militaires de Canclaux au sud de la Loire et de Hoche en Bretagne avaient conduit en février 1795 aux accords de La Jaunaye, prévoyant la liberté des cultes et une aide pour la Vendée.
Les chefs thermidoriens demeuraient, comme Tallien, profondément anticatholiques : des prêtres réfractaires revenus de l'émigration furent arrêtés et exécutés. Pourtant, dans la foulée des accords signés avec les insurgés de l'Ouest, on alla vers la conciliation : le 21 février 1795, la Convention vota la liberté des cultes. À l'automne précédent, elle avait décidé de ne plus salarier les prêtres. Le clergé constitutionnel et le clergé réfractaire se retrouvaient au même rang.

Dans le même temps, peu à peu, l'Église se reconstituait : des jureurs se rétractaient ; les réfractaires revenaient nombreux de l'étranger. De même, encouragés par les premières autorisations (concernant les ouvriers en décembre), les retours d'émigration s'effectuaient massivement. Ce monde contre-révolutionnaire se faisait partout moins discret : des arbres de la liberté étaient coupés ; des cocardes tricolores, foulées au pied... Dans ce contexte, la Terreur blanche se développa dans le Sud-Est : les premiers massacres de détenus jacobins eurent lieu à Lyon le 2 février 1795 ; en mai et juin, ce furent de véritables tueries dans toutes les villes. La Compagnie de Jésus à Lyon, la Compagnie du Soleil en Provence encadraient ces nouveaux « terroristes », qui bénéficiaient en outre de l'appui de l'étranger. Les hommes de l'an II — et pas seulement les anciens artisans de la Terreur — étaient pourchassés.

La mort de Louis XVII au Temple, le 8 juin 1795, rapprocha les royalistes divisés : les absolutistes imposèrent leur point de vue aux constitutionnels. Le comte de Provence, frère de

Louis XVI, prit le nom de Louis XVIII et annonça son intention de restaurer les Ordres et la prééminence de l'Église. Les royalistes se préparaient à l'insurrection tandis qu'à l'Ouest la trêve était rompue.

Cette situation politique encouragea William Pitt à aider l'expédition de Quiberon. Armés et transportés par l'Angleterre, les émigrés débarquèrent le 27 juin. À l'intérieur, les chouans appuyaient l'opération. Cependant, le général Pichegru, que les insurgés avaient contacté, ne bougea point.

Hoche bloqua les chouans accourus dans la presqu'île. L'assaut fut donné dans la nuit du 20 au 21 juillet ; les royalistes finirent par capituler en échange de la promesse d'obtenir la vie sauve. Pourtant, sur décision de la Convention, 748 personnes prises les armes à la main sous l'uniforme britannique furent fusillées.

Le débarquement de Quiberon renforça en France le sentiment national et la haine de l'Angleterre : la République sortit consolidée de l'événement. Mais l'opposition contre-révolutionnaire demeurait menaçante (doc. 41). Après les élections de mars 1797, le Directoire dut faire appel à l'armée contre les députés royalistes élus du corps législatif (coup d'État du 18 Fructidor). En Vendée, la guerre continua jusqu'aux victoires décisives de Hoche sur Stofflet et Charette, arrêtés et fusillés en février et mars 1796.

3. Analyse du document

La gravure de Pourvoyeur présente la capitulation des émigrés. Le fort de Penthièvre vient d'être pris : on l'aperçoit à l'arrière-plan, un drapeau tricolore flottant sur le donjon. Les bateaux anglais s'éloignent au loin, laissant à leur sort les combattants royalistes. Ceux-ci, au premier plan, viennent de se rendre. L'un d'eux, en uniforme britannique, l'épée à la main, se cache le visage. Un de ses compagnons, à gauche, baisse la tête. L'artiste a sans doute voulu mettre l'accent sur la trahison des émigrés.

41 LE 13 VENDÉMIAIRE

1. Présentation du document

Moins de trois mois après la déroute des émigrés à Quiberon, six mois après les massacres de la Terreur blanche du Sud-Est, les royalistes s'insurgèrent à Paris. Le Directoire n'était pas encore installé que le pouvoir né du 9 Thermidor dut, pour subsister, faire appel aux généraux.

Dans les « Tableaux historiques de la Révolution française », Girardet a succédé à Berthaut comme graveur (doc. 18 et 35). Il dessinait également.

2. Contexte historique

La Constitution de l'an III, qui fondait le Directoire, fut le résultat de la volonté conjointe des républicains modérés et des monarchistes constitutionnels dominant la Convention. Une nouvelle Déclaration des droits la précédait. Abandonnant les principes définis à l'article 1er de la Déclaration de 1789, elle précisait seulement que « l'égalité consiste en ce que la loi est la même pour tous ». Il n'était plus question des droits au travail et à l'instruction, inscrits dans la déclaration de 1793.

Le suffrage censitaire était rétabli. La séparation des pouvoirs était stricte et le pouvoir législatif, attribué aux deux assemblées : le Conseil des Cinq-Cents avait l'initiative des lois et les adoptait ; le Conseil des Anciens les examinait et les amendait. Le pouvoir exécutif était confié à cinq Directeurs élus par les chambres. De nombreuses dispositions étaient prises pour éviter la dictature d'un homme ou d'une assemblée élue : les conseils étaient renouvelables par tiers chaque année. Cette prudente méthode de l'élection partielle s'appliquait également aux départements, aux communes et aux Directeurs eux-mêmes.

Ce système se voulait libéral ; il portait en lui le germe de l'instabilité. Entre jacobins et royalistes, les héritiers de Thermidor ne purent rester au pouvoir que par la pratique continuelle du coup d'État avec l'appui militaire : le 18 fructidor (4 septembre 1797) contre la majorité royaliste des conseils ; le 22 floréal (11 mai 1798) contre les députés jacobins ; le 30 prairial (18 juin 1799) quand le pouvoir législatif, à nouveau majoritairement jacobin, s'imposa aux Directeurs.

Cette constitution satisfaisait les monarchistes constitutionnels, car le Directoire pouvait fort bien être remplacé par un roi. Ainsi, l'importance de l'enjeu électoral apparut à tous et, notamment, aux thermidoriens. La Convention décida que les deux tiers des élus aux premières élections législatives devaient être des députés sortants.

Cette mesure heurta les royalistes qui espéraient, grâce à la politique antijacobine de la Convention, accéder légalement au pouvoir. À Paris, 47 sections sur 48 refusèrent le décret des « deux tiers ». En septembre 1795, certaines sections, dont la section Lepelletier (un des martyrs de la liberté), se rebellèrent. La Convention en appela aux sans-culottes, réarma même d'anciens terroristes qui formèrent trois bataillons. Dans la nuit du 4 au 5 octobre (12 au 13 vendémiaire), les insurgés se rendirent maîtres de la capitale et l'Assemblée fut menacée. Barras, Directeur chargé de l'ordre, s'adjoignit des généraux, dont Bonaparte qu'il avait distingué en décembre 1793 au siège de Toulon. Les royalistes, au nombre de 10 000 environ, s'appuyaient sur la garde nationale d'où les ouvriers avaient été chassés.

3. Analyse du document

Girardet a représenté le moment crucial de la bataille. Les insurgés, mal commandés, groupés en colonnes compactes, se dirigeaient vers les Tuileries. Bonaparte, ayant fait disposer son artillerie près de l'église Saint-Roch, n'eut qu'à ouvrir le feu quand les troupes royalistes se présentèrent.

La gravure montre bien l'église Saint-Roch où ont pris position les insurgés : ils sont nombreux, mais équipés seulement de fusils et maladroitement placés sur les marches de l'église.

Face à eux, les soldats commandés par Bonaparte manifestent une évidente supériorité : mieux armés, ils semblent également mieux organisés. Il y eut pourtant presque autant de victimes du côté des conventionnels que du côté de l'insurrection.

(42) LE SYSTÈME MÉTRIQUE

1. Présentation du document

Cette gravure de Labrousse, réalisée en mars 1800, illustre les nouvelles mesures en les comparant à celles qui étaient en usage à Paris avant la Révolution. Le 7 avril 1795, la Convention imposa un système nouveau fondé sur la base décimale ; le 1er août 1793, elle avait adopté le mètre, défini comme le dix-millionième du quart du méridien terrestre. En réalité, il fallut très longtemps pour que le litre, le gramme, l'are,... remplacent dans l'usage les anciennes mesures. La loi du 4 Juillet 1837 interdisant formellement « tout poids et mesures autres que les poids et mesures établis par les lois du 18 Germinal an III et du 19 Frimaire an VIII sous les peines portées par l'article 479 du Code pénal » fut le véritable point de départ d'un usage généralisé du système métrique.

2. Contexte historique

Les mesures en usage en France jusqu'au XIXe siècle étaient d'une utilisation qui nous paraît malaisée à cause des conversions. En fait, la véritable difficulté résidait dans la variabilité des unités et des dénominations. D'une juridiction à l'autre, les différences étaient sensibles et ne facilitaient pas le commerce. Dans l'actuel département du Nord, on comptait dix-huit sortes d'aunes, variant de 62 à 84 centimètres. Sur le territoire du Lot-et-Garonne coexistaient une vingtaine d'aunes dont la valeur en mètres allait de 1,13 à 1,20 ; et encore ne s'agit-il que de l'aune des marchands et non de celle des tisserands, dont la valeur oscillait autour de 1,45 m !

Avec le développement des échanges commerciaux au cours des XVIIe et XVIIIe siècles, les inconvénients de cette diversité apparurent nettement. Nombreux furent les cahiers de doléances demandant l'uniformisation. De petites communautés villageoises elles-mêmes formulaient cette revendication. Ainsi les habitants de Saint-Avit, petite paroisse de l'Agenais, forte de quelques dizaines d'habitants :

« Il sera observé au Roi qu'on ne peut comprendre

les motifs, non plus que la raison qui ont pu occasionner la diversité des poids et mesures qui se pratiquent dans le royaume; on pense que l'uniformité seroit plus utile, plus praticable... (pour) les individus qui connaîtraient ce qu'ils achèteraient et ce qu'ils vendraient. »

Remarquons que les critiques sur le même thème n'étaient pas nouvelles à la veille de la Révolution. Les États de Blois en 1588 (art. 269) exprimaient ainsi leur demande : « On assurera le trafic et le commerce, et l'on retranchera les abus qui se commettent à cause de la diversité des mesures. »

3. Analyse du document

La gravure, très didactique, présente les nouvelles unités. Elle a pour but de familiariser le public avec les dénominations correspondant au système métrique : il ne faut donc pas rechercher de correspondance entre les unités anciennes et modernes. Remarquons d'autre part l'étrange association entre la toise (mesure de longueur équivalant à 1,95 m à Paris) et l'are.

(43) 15 MAI 1796 : L'ENTRÉE DES FRANÇAIS DANS MILAN

1. Présentation du document

Cette représentation de l'entrée des troupes françaises dans Milan après les premières victoires de l'armée d'Italie est tout entière consacrée à la gloire des armées françaises : Bonaparte, le jeune général en chef nommé le 2 mars précédent, n'est pas encore au centre de la composition. Il ne tarda pas à s'imposer, sur le terrain comme au gouvernement, et les œuvres d'art relatant les guerres d'Italie amplifièrent son rôle et son génie.

Duplessi-Bertaux, dessinateur des « Tableaux historiques de la Révolution française », a réalisé comme graveur une série de tableaux consacrés aux campagnes d'Italie et d'Égypte dessinés par Carle Vernet, fils de Joseph Vernet.

2. Contexte historique

Avec la campagne d'Italie, la guerre révolutionnaire changea de sens : aux exigences de la nation se substituèrent les ambitions personnelles.

Après la victoire de Fleurus (doc. 34), le 26 juin 1794, les succès militaires s'étaient multipliés. Les Pays-Bas conquis, les thermidoriens instituèrent la République batave. Le traité de La Haye (mai 1795) donnait à la France la Flandre hollandaise. La Prusse, pressée de participer avec l'Autriche et la Russie au troisième partage de la Pologne, laissait la France libre sur la rive gauche du Rhin. L'idée de frontières naturelles qui divisait la Convention prenait corps : le 1er octobre 1795, l'Assemblée vota l'annexion de la Belgique. Les Anglais et les Autrichiens ne pouvaient accepter cette politique et la guerre continua avec ces pays. Le Directoire organisa, par l'intermédiaire de Carnot, un plan de guerre pour l'année 1796 destiné à imposer à l'Angleterre et à l'Autriche cette conception des limites naturelles de la République.

Aux armées commandées par Jourdan et Moreau était assigné le rôle essentiel : marcher sur Vienne. L'armée des Alpes et celle d'Italie, moins importantes, devaient simplement prendre des gages en Italie du Nord, en obligeant l'Autriche à diviser ses forces. Une armée débarquée en Irlande menacerait directement l'Angleterre. Le 2 mars 1796, Bonaparte, le « général vendémiaire », était nommé commandant en chef de l'armée d'Italie.

Ce fut la campagne de diversion qui scella le sort de l'Autriche tandis qu'en Allemagne les objectifs fixés ne purent être atteints. En moins de quinze jours Bonaparte soumit le Piémont : le roi de Sardaigne signa l'armistice de Cherasco le 29 avril 1796. Dans les deux semaines qui suivirent, Bonaparte, lancé à la poursuite des Autrichiens, occupa la Lombardie après la victoire de Lodi : le 15 mai, les troupes françaises entraient dans Milan.

À la fin du mois de mai, Bonaparte assiégeait Mantoue; les ducs de Parme et de Modène signèrent l'armistice; le pape fit de même à

Bologne le 23 juin. Pour le Directoire, qui en demeurait à la politique de la prise des gages, la conquête était fructueuse ; les vaincus étaient condamnés à verser de lourdes indemnités. Pourtant, après les victoires d'Arcole en novembre et de Rivoli en janvier 1797, la route de Vienne était ouverte. Bonaparte mena une politique personnelle : de Modène et des légations enlevées au pape, il fit la république Cispadane en octobre 1796 ; il traita ensuite avec le pape en échange d'Avignon et du comtat Venaissin (19 février 1797), alors que le Directoire avait prescrit la destruction du pouvoir temporel du chef de l'Église.

Tandis que Bonaparte continuait, au début du printemps, son avancée vers Vienne, les armées d'Allemagne remportaient en avril leurs premiers succès de la campagne de 1797. Mais, le 18 avril, l'Autriche avait signé avec le chef de l'armée d'Italie les préliminaires de Leoben. Le Directoire voulait la rive gauche du Rhin ; Bonaparte se contentait de la Belgique et imposait que l'Autriche renonçât à la Lombardie dont il fit avec des territoires pris à Venise et la République cispadane, la République cisalpine. Que pouvait faire le pouvoir aux prises avec de graves difficultés intérieures ? En effet, le renouvellement partiel du corps législatif venait de donner une majorité royaliste. Par le coup d'État du 18 Fructidor, le pouvoir se mit dans les mains des généraux. Bonaparte, dont l'envoyé Augereau avait été chargé du commandement le 18 fructidor, pouvait imposer définitivement ses vues en Italie. Le 17 octobre 1797, la paix de Campo-Formio signée avec l'Autriche reprenait les principales dispositions arrêtées en avril à Leoben.

3. Analyse du document

Trois jours avant l'arrivée des troupes françaises devant Milan, des « patriotes » s'étaient emparés du pouvoir et se préparaient à des réformes politiques et sociales. Ainsi s'explique la liesse populaire : les soldats français, qui ont abandonné la rigueur militaire pour un désordre bon enfant, fraternisent avec la population milanaise. À droite, un mai, couronné d'un bonnet phrygien et orné d'un drapeau tricolore, a été dressé. Des habitants juchés sur les murs de la ville et sur la porte triomphale expriment leur joie : l'un danse, l'autre joue du clairon... L'armée est véritablement accueillie en libératrice.

Au fronton de la porte, on peut lire : « Alla vallorosa armata francese » (À la valeureuse armée française).

(44) LE PILLAGE DE L'ITALIE

1. Présentation du document

Le pillage de l'Italie fut la conséquence de la politique personnelle de Bonaparte ; il découla aussi de la situation monétaire du Directoire qui, après l'effondrement du mandat territorial, dernier avatar du papier-monnaie révolutionnaire, revint au numéraire (février 1797). Cette politique fut possible grâce aux prélèvements effectués sur les vaincus. Comme l'écrit A. Soboul, « la guerre nourrissait le régime ». Bonaparte sut utiliser ces ressources nouvelles pour attacher les armées à sa personne : dès le 20 mai 1796, il paya la moitié des soldes en numéraire.

Le pillage de l'Italie choqua les contemporains. L'enlèvement des œuvres d'art, en particulier, a frappé les artistes.

2. Contexte historique

Bonaparte, après son entrée triomphale dans Milan le 16 mai 1796 (doc. 43), avait soumis la Lombardie à une lourde contribution militaire. Certes, cette participation à l'effort de guerre français était présentée comme nécessaire à l'indépendance ; de même, les occupants prétendaient faire la guerre aux riches, aux nobles et aux prêtres ; cependant, les prélèvements pesèrent d'abord sur des paysans déjà accablés. Les premiers soulèvements antifrançais se produisirent dans la région de Pavie, dès le 23 mai 1796.

Les succès foudroyants de Bonaparte en avril-mai 1796 avaient incité les princes italiens à quitter la coalition contre la France :

— le 9 mai, l'armistice était accordé au duc de

Parme contre 2 millions de livres en numéraire et 20 tableaux ;

— le 23 mai, le duc de Modène dut accepter de verser 7 millions et demi, auxquels s'ajoutèrent des œuvres d'art ;

— le 23 juin, le pape lui-même se soumit ; il paya 21 millions et abandonna de précieux manuscrits et des tableaux...

Au pillage officiel, qui se poursuivit ailleurs, s'ajoutèrent les prélèvements personnels effectués pour leur propre compte par les officiers et l'armée. Masséna et Bonaparte lui-même profitèrent largement de la conquête : « Derrière l'épopée, un immense racket », comme l'écrit Denis Woronoff. Le Directoire, inquiet de l'ampleur du pillage, envoya des commissaires aux armées, tel Garrau, pour limiter cette razzia ; leur action n'eut que peu d'effet.

3. Analyse du document

La gravure présente une vue longitudinale de la Galerie du XVIe siècle — aujourd'hui Galerie nationale — abritant les plus belles sculptures et peintures du duché de Parme. Sous le regard de militaires français, des hommes se préparent à ranger des tableaux dans des caisses de bois : au premier plan à gauche, c'est une œuvre de Schidone, vraisemblablement la *Mise au Tombeau*, que les Français s'approprient ; à droite, les pilleurs emportent la *Madone de saint Jérôme* du Corrège, le grand maître parmesan du XVIe siècle. Immédiatement à l'arrière, un buste et des statues font également partie du butin.

45 LA BATAILLE DES PYRAMIDES

1. Présentation du document

La campagne d'Égypte et la bataille des Pyramides s'inscrivent dans le grand projet méditerranéen du général Bonaparte. Napoléon, à Sainte-Hélène, affirma même avoir songé à renouveler, jusqu'à l'Indus, l'expédition d'Alexandre.

Le tableau du général Lejeune, qui prit part à l'expédition, en insistant sur l'exotisme, donne corps au rêve oriental. Cette œuvre diffère par son réalisme des visions de Gros, postérieures aux événements et appartenant déjà au courant romantique (*Les Pestiférés de Jaffa*, 1804 ; *La bataille d'Aboukir*, 1806).

La période du Consulat fut marquée par la vogue égyptienne dans tout ce qui était artistique. Abandonné sous l'Empire, l'orientalisme fut repris à l'époque de la conquête de l'Algérie sous la Monarchie de Juillet.

2. Contexte historique

Après le traité de Campo-Formio, le 17 octobre 1797, le Directoire ne conservait plus qu'un seul ennemi, l'Angleterre. Pour l'atteindre, on avait songé à un débarquement en Irlande ; la tentative de Hoche en décembre 1796 avait échoué, mais le projet n'était point abandonné quand Bonaparte, le 26 décembre 1797, fut nommé commandant en chef de l'armée d'Angleterre. Cependant, en février 1798, celui-ci concluait à l'impossibilité d'une telle opération et formulait l'hypothèse d'une guerre en Égypte.

Bonaparte, avec l'aide de Talleyrand, réussit à convaincre le Directoire : l'opération paraissait aisée, fort nuisible au commerce anglais, et de nature à renforcer les positions françaises au Levant. Le commandant en chef trouverait dans l'expédition le moyen de préserver et d'accroître sa gloire ; les Directeurs eux-mêmes n'étaient pas fâchés de voir s'éloigner un général bien indocile et trop populaire.

L'expédition fut mise sur pied en deux mois : il fallait atteindre l'Égypte avant les crues estivales du Nil. Au total, l'armée mobilisée comptait 55 000 hommes transportés par 400 vaisseaux. Bonaparte emmenait également avec lui des artistes, ainsi que des savants pour lesquels la conquête avait une signification culturelle évidente.

La flotte française partie de Toulon le 19 mai 1798, réussit à échapper à l'amiral Nelson ; le

1er juillet, le corps expéditionnaire débarquait face à Alexandrie. Au passage, Bonaparte avait pris possession de Malte. Pour tenter de se concilier l'empire ottoman, dont l'Égypte était théoriquement partie intégrante, il prétendit vouloir libérer les Turcs de la tutelle des mameluks, et affirma son plus grand respect pour l'islam. La bataille la plus importante eut lieu le 21 juillet 1798 près des Pyramides, à proximité du Caire, où les Français triomphèrent de la cavalerie des mameluks.

L'Égypte fut facilement conquise mais, le 1er août, Nelson détruisit la flotte de l'amiral Brueys au large d'Aboukir. Les armées françaises étaient prisonnières au Moyen-Orient.

Dans les mois qui suivirent, Desaix pacifia la Haute-Égypte tandis que Bonaparte organisait une expédition en Syrie où se regroupait une armée turque. De mars à mai, les Français firent le siège de Saint-Jean-d'Acre, remportant dans l'intervalle d'importants succès (par exemple, au mont Thabor, le 16 mai). Cependant les troupes françaises épuisées et atteintes par la peste furent privées de leur victoire, car, menacé par une nouvelle armée turque qui se formait à Rhodes, Bonaparte décida le 17 mai de lever le siège. De retour en Égypte, il écrasa à Aboukir les soldats de Moustapha récemment débarqués. Mais déjà il ne songeait qu'au retour en France.

En Europe, une deuxième coalition, qui réunissait autour de l'Angleterre, l'Autriche, la Russie et la Turquie, répondit à la politique expansionniste du Directoire qui ne s'en tenait plus à la notion de frontières naturelles (création de la République romaine, de la République helvétique ; expédition d'Égypte). À l'été 1799, comme six ans plus tôt, la France, après une série de défaites, était menacée sur ses frontières. Cependant, en octobre, lorsque Bonaparte, auréolé d'une immense gloire après une campagne d'Égypte bien discutable sur le plan stratégique, débarqua à Fréjus, la situation militaire avait été redressée.

3. Analyse du document

La composition de Lejeune situe la bataille dans son décor exotique : les pyramides de Giseh et le désert égyptien à l'arrière-plan ; le paysage du Nil avec les marais et la végétation palustre au premier plan à gauche. Les palmiers renforcent l'impression générale.

Militaire, l'artiste insiste sur les aspects tactiques de la bataille. Il montre comment la célèbre cavalerie du bey Mourad vint se briser sur une infanterie française formée en carrés et protégée par des pièces d'artillerie.

(46) LE COUP D'ÉTAT DU 18 BRUMAIRE

1. Présentation du document

Avec le coup d'État du 18 Fructidor contre les députés royalistes, le Directoire s'était placé sous la protection d'une armée toute dévouée à ses chefs, depuis qu'elle combattait hors du territoire de la nation. La politique antiroyaliste qui suivit le coup d'État du 18 Fructidor favorisa la gauche et les jacobins qui obtinrent des succès aux élections de 1798. Le 22 floréal, le Directoire eut recours à un expédient politique — formellement légal mais proche du coup d'État — pour maintenir sa ligne politique : une centaine de députés furent invalidés. Peu à peu l'opinion se détachait de ce régime instable, tandis que se constituaient la gloire et la popularité du général Bonaparte. Dans le même temps, les difficultés économiques et les défaites militaires en Europe compromettant les succès obtenus en Italie, inquiétait la bourgeoisie de plus en plus acquise à l'idée d'un pouvoir fort qui saurait maintenir les conquêtes de la Révolution.

Cette gravure exalte le retour à l'ordre : Bonaparte vient de se voir confier le commandement des troupes de la capitale. Par deux fois déjà, le 13 vendémaire et le 18 fructidor, il avait été le sauveur de la Révolution menacée (doc. 41)...

2. Contexte historique

Pour les élections de 1799 (renouvellement partiel des conseils), le Directoire utilisa tous les moyens de pression pour éviter le succès de l'opposition. Cependant, sur 187 candidats officiels, 121 furent battus. Cet échec se produisit dans un contexte militaire déplorable. Partout en Europe les troupes de la République refluaient. À l'intérieur, les royalistes avaient repris les armes.

Les conseils, épurés l'année précédente, prirent l'offensive contre le Directoire, soutenus de l'intérieur par Barras et Sieyès nouvellement désigné. Deux directeurs durent démissionner et le gouvernement fut renouvelé dans un sens nettement républicain. Une majorité inspirée par les néojacobins put constituer et imposer une politique de salut public : emprunt forcé sur les citoyens aisés; conscription (loi Jourdan du 5 septembre 1798) totalement appliquée ; loi des otages (parents d'émigrés ou d'opposants déclarés responsables « des assassinats et brigandages commis dans l'intérieur de la République »).

En octobre, le péril extérieur était provisoirement repoussé grâce au succès de Masséna en Suisse; à l'intérieur, la guerre civile ne cessait pas. Au printemps suivant, il y aurait de nouvelles élections partielles... L'idée d'une révision de la Constitution propre à stabiliser le pouvoir grandissait. Comme il n'existait aucune véritable possibilité légale, Sieyès se résolut au coup d'État. Bonaparte, arrivé à Paris le 16 octobre, était l'homme idéal : son passé révolutionnaire et sa gloire le désignaient.

Le 18 brumaire au matin, sur la fallacieuse menace d'un complot, le Conseil des Anciens vota le transfert des conseils à Saint-Cloud. Bonaparte, chargé de l'exécution du décret, se voyait confier, illégalement — car le Directoire seul pouvait prendre une telle décision — le commandement des troupes de Paris. Privé de force, le Directoire était en fait privé de pouvoir : Barras démissionna, ainsi que Moulin et Gohier.

Le lendemain, Bonaparte, qui avait concentré quelques milliers d'hommes à Saint-Cloud, parut au Conseil des Anciens, condamna la Constitution, dénonça les jacobins et menaça les opposants. Au Conseil des Cinq-Cents, où il se rendit ensuite entouré de grenadiers, il fut conspué et bousculé. Il risquait d'être mis hors la loi mais son frère Lucien, président de l'Assemblée, réussit à convaincre la garde des conseils d'intervenir contre les députés. Le soir même, la majorité des Anciens et ce qui restait des Cinq-Cents instituaient une commission consulaire exécutive provisoire.

3. Analyse du document

Cette image officielle montre Bonaparte, au matin du 18 Brumaire, paraissant légalement investi du commandement sur les troupes de Paris : il tient de la main gauche le décret du Conseil des Anciens. Face à lui les soldats manifestent leur adhésion à la cause de l'ordre qu'incarne le général glorieux, auquel le pouvoir incapable de remplir sa mission, a confié la responsabilité du maintien de la paix dans le pays. Ainsi cette image participe-t-elle à la propagande officielle présentant le coup d'État du 18 Brumaire comme une victoire de l'ordre sur l'anarchie.

9 782010 134920

Imprimé en France par
I.M.E. - 25-Baume-les-Dames
Collection n° 62 - Édition n° 02
Dépôt légal 1883/01/1989
11/5072/1